北崖 编著

博物馆里的中国

中国经济出版社
·北京·

图书在版编目（CIP）数据

博物馆里的中国 / 北崖编著. -- 北京：中国经济出版社，2025.1. -- ISBN 978-7-5136-7954-1

Ⅰ.K87-49

中国国家版本馆 CIP 数据核字第 2024507KL0 号

策划编辑	龚风光　李　伟
责任编辑	龚风光　李　伟
特约策划	山谷有鱼　王　颖
摄　　影	北　崖
责任印制	马小宾
装帧设计	山谷有鱼　张伯阳
封面设计	日·尧

出版发行	中国经济出版社
印 刷 者	北京市房山腾龙印刷厂
经 销 者	各地新华书店
开　　本	889mm×1194mm　1/48
印　　张	7.5
字　　数	120 千字
版　　次	2025 年 1 月第 1 版
印　　次	2025 年 1 月第 1 版
定　　价	78.00 元

广告经营许可证　京西工商广字第 8179 号

中国经济出版社　网址 www.economyph.com　社址 北京市东城区安定门外大街 58 号　邮编 100

本版图书如存在印装质量问题，请与本社销售中心联系调换（联系电话：010-57512564）

版权所有　盗版必究（举报电话：010-57512600）
国家版权局反盗版举报中心（举报电话：12390）服务热线：010-57512564

序言

博物馆可以让人的视野更为辽阔，让生命更加宽广与深邃。

在这片古老而又充满活力的土地上，先民们孕育了璀璨的文明。中华文明既恢宏厚重，跨越千万年时光；又具体精微，陈列于博物馆之中。

来到一座城，走进一家博物馆，宛如走近了连接过去与未来的桥梁，一件件文物、一幅幅字画、一部部典籍、一处处文化遗址，浓缩着人间烟火，也汇聚着文人雅趣，诉说着古人对自然和精神的萃取。它们经由时光积淀而成，丰富多彩，璀璨夺目，历经千万年而不朽，呈现出最深沉、最持久的力量。

我们精心挑选了来自近90家博物馆、文博单位、研究机构收藏的160余件文物，以中国历史为线，以文物为镜，管窥传统文化，唤起中国人最深层的文明记忆。这些博物馆当中，既有声名显赫的国家级大馆，也有静谧偏远的县级小馆，馆无分大小，地无分远近，都承载着历史的变迁与沧桑；这些文物里，既有万众瞩目的明星文物，也有古人所用的日常物品，物无分轻重，材无论高低，都映照着文明的辉煌与荣耀。

打开这本《博物馆里的中国》，犹如推开一扇通往历史深处的门扉，置身充满智慧与美感的时空，与历史时光同频共振，与先民圣贤同悲共喜，触达中华文明的博大精深与辉煌灿烂，近距离地感受传统文化的魅力与底蕴！

壹 — 史前文明 远古时期	001
贰 — 宅兹中国 夏商西周	023
叁 — 群雄争霸 春秋战国	067
肆 — 大国一统 秦汉王朝	099
伍 — 魏晋风流 三国两晋南北朝	143
陆 — 盛世长歌 隋唐五代	185
柒 — 多元并存 辽宋夏金元	239
捌 — 承古萌新 明清时期	313
后记	352

2025

1月
一	二	三	四	五	六	日
		1 元旦	2 初三	3 初四	4 初五	5 小寒
6 初七	7 腊八节	8 初九	9 初十	10 十一	11 十二	12 十三
13 十四	14 十五	15 十六	16 十七	17 十八	18 十九	19 二十
20 大寒	21 北小年	22 南小年	23 廿五	24 廿六	25 廿七	26 廿八
27 廿九	28 除夕	29 春节	30 初二	31 初三		

2月
一	二	三	四	五	六	日
					1 初四	2 初五
3 立春	4 初七	5 初八	6 初九	7 初十	8 十一	9 十二
10 十三	11 十四	12 元宵节	13 十六	14 十七	15 十八	16 十九
17 二十	18 廿一	19 雨水	20 廿三	21 廿四	22 廿五	23 廿六
24 廿七	25 廿八	26 廿九	27 三十	28 二月		

3月
一	二	三	四	五	六	日
					1 龙头节	2 初三
3 初四	4 初五	5 惊蛰	6 初七	7 初八	8 妇女节	9 初十
10 十一	11 十二	12 植树节	13 十四	14 十五	15 十六	16 十七
17 十八	18 十九	19 二十	20 春分	21 廿二	22 廿三	23 廿四
24 廿五	25 廿六	26 廿七	27 廿八	28 廿九	29 三月	30 初二
31 上巳节						

4月
一	二	三	四	五	六	日
	1 初四	2 初五	3 寒食节	4 清明	5 初八	6 初九
7 初十	8 十一	9 十二	10 十三	11 十四	12 十五	13 十六
14 十七	15 十八	16 十九	17 二十	18 廿一	19 谷雨	20 廿三
21 廿四	22 地球日	23 廿六	24 廿七	25 廿八	26 廿九	27 三十
28 四月	29 初二	30 初三				

5月
一	二	三	四	五	六	日
			1 劳动节	2 初五	3 初六	4 青年节
5 立夏	6 初九	7 初十	8 十一	9 十二	10 十三	11 母亲节
12 十五	13 十六	14 十七	15 十八	16 十九	17 二十	18 廿一
19 廿二	20 廿三	21 小满	22 廿五	23 廿六	24 廿七	25 廿八
26 廿九	27 五月	28 初二	29 初三	30 初四	31 端午节	

6月
一	二	三	四	五	六	日
						1 初六
2 初七	3 初八	4 初九	5 芒种	6 十一	7 十二	8 十三
9 十四	10 十五	11 十六	12 十七	13 十八	14 十九	15 父亲节
16 廿一	17 廿二	18 廿三	19 廿四	20 廿五	21 夏至	22 廿七
23 廿八	24 廿九	25 六月	26 初二	27 初三	28 初四	29 初五
30 初六						

7月
一	二	三	四	五	六	日
	1 建党节	2 初八	3 初九	4 初十	5 十一	6 十二
7 小暑	8 十四	9 十五	10 十六	11 十七	12 十八	13 十九
14 二十	15 廿一	16 廿二	17 廿三	18 廿四	19 廿五	20 廿六
21 廿七	22 大暑	23 廿九	24 三十	25 闰六月	26 初二	27 初三
28 初四	29 初五	30 初六	31 初七			

8月
一	二	三	四	五	六	日
				1 建军节	2 初九	3 初十
4 十一	5 十二	6 十三	7 立秋	8 十五	9 十六	10 十七
11 十八	12 十九	13 二十	14 廿一	15 廿二	16 廿三	17 廿四
18 廿五	19 廿六	20 廿七	21 廿八	22 廿九	23 处暑	24 闰初二
25 初三	26 初四	27 初五	28 初六	29 七夕节	30 初八	31 初九

9月
一	二	三	四	五	六	日
1 初十	2 十一	3 十二	4 十三	5 十四	6 中元节	7 白露
8 十七	9 十八	10 教师节	11 二十	12 廿一	13 廿二	14 廿三
15 廿四	16 廿五	17 廿六	18 廿七	19 廿八	20 廿九	21 三十
22 八月	23 秋分	24 初三	25 初四	26 初五	27 初六	28 初七
29 初八	30 初九					

10月
一	二	三	四	五	六	日
		1 国庆节	2 十一	3 十二	4 十三	5 十四
6 中秋节	7 寒露	8 十七	9 十八	10 十九	11 二十	12 廿一
13 廿二	14 廿三	15 廿四	16 廿五	17 廿六	18 廿七	19 廿八
20 廿九	21 九月	22 初二	23 霜降	24 初四	25 初五	26 初六
27 初七	28 初八	29 重阳节	30 初十	31 十一		

11月
一	二	三	四	五	六	日
					1 十二	2 十三
3 十四	4 十五	5 十六	6 十七	7 立冬	8 十九	9 二十
10 廿一	11 廿二	12 廿三	13 廿四	14 廿五	15 廿六	16 廿七
17 廿八	18 廿九	19 十月	20 初二	21 初三	22 小雪	23 初五
24 初六	25 初七	26 初八	27 初九	28 初十	29 十一	30 十二

12月
一	二	三	四	五	六	日
1 十二	2 十三	3 十四	4 下元节	5 十六	6 十七	
8 十九	9 二十	10 廿一	11 廿二	12 廿三	13 廿四	
15 廿六	16 廿七	17 廿八	18 廿九	19 三十	20 十一月	
22 初三	23 初四	24 初五	25 初六	26 初七	27 初八	
29 初十	30 十一	31 十二				

2026

1月
一	二	三	四	五	六	日
			1 元旦	2 十四	3 十五	4 十六
5 十七	6 十八	7 十九	8 二十	9 廿一	10 廿二	11 廿三
12 廿四	13 廿五	14 廿六	15 廿七	16 廿八	17 廿九	18 三十
19 腊月	20 大寒	21 初二	22 初三	23 初四	24 初五	25 初六
26 初七	27 初八	28 初九	29 初十	30 十一	31 十二	

2月
一	二	三	四	五	六	日
						1 十四
2 十五	3 十六	4 立春	5 十八	6 十九	7 二十	8 廿一
9 廿二	10 北小年	11 南小年	12 廿五	13 廿六	14 廿七	15 廿八
16 廿九	17 除夕	18 春节	19 雨水	20 初三	21 初四	22 初五
23 初六	24 初七	25 初八	26 初九	27 初十	28 十一	

3月
一	二	三	四	五	六	日
						1 十二
2 十三	3 十四	4 元宵节	5 十六	6 惊蛰	7 十八	8 妇女节
9 二十	10 廿一	11 廿二	12 植树节	13 廿四	14 廿五	15 廿六
16 廿七	17 廿八	18 廿九	19 二月	20 春分	21 初三	22 初四
23 初五	24 初六	25 初七	26 初八	27 初九	28 初十	29 十一
30 十二	31 十三					

4月
一	二	三	四	五	六	日
		1 十四	2 十五	3 寒食节	4 清明	5 十八
6 十九	7 二十	8 廿一	9 廿二	10 廿三	11 廿四	12 廿五
13 廿六	14 廿七	15 廿八	16 廿九	17 三月	18 上巳节	19 初三
20 初四	21 地球日	22 初六	23 初七	24 初八	25 初九	26 初十
27 十一	28 十二	29 十三	30 十四			

5月
一	二	三	四	五	六	日
				1 劳动节	2 十六	3 十七
4 青年节	5 立夏	6 二十	7 廿一	8 廿二	9 廿三	10 母亲节
11 廿五	12 护士节	13 廿七	14 廿八	15 廿九	16 三十	17 四月
18 初二	19 初三	20 初四	21 小满	22 初六	23 初七	24 初八
25 初九	26 初十	27 十一	28 十二	29 十三	30 十四	31 十五

6月
一	二	三	四	五	六	日
1 儿童节	2 十七	3 十八	4 十九	5 芒种	6 廿一	7 廿二
8 廿三	9 廿四	10 廿五	11 廿六	12 廿七	13 廿八	14 廿九
15 五月	16 初二	17 初三	18 初四	19 端午节	20 初六	21 夏至
22 初八	23 初九	24 初十	25 十一	26 十二	27 十三	28 十四
29 十五	30 十六					

7月
一	二	三	四	五	六	日
		1 建党节	2 十八	3 十九	4 二十	5 廿一
6 小暑	7 廿三	8 廿四	9 廿五	10 廿六	11 廿七	12 廿八
13 廿九	14 六月	15 初二	16 初三	17 初四	18 初五	19 初六
20 初七	21 初八	22 初九	23 大暑	24 十一	25 十二	26 十三
27 十四	28 十五	29 十六	30 十七	31 十八		

8月
一	二	三	四	五	六	日
					1 建军节	2 二十
3 廿一	4 廿二	5 廿三	6 廿四	7 立秋	8 廿六	9 廿七
10 廿八	11 廿九	12 三十	13 七月	14 初二	15 初三	16 初四
17 初五	18 初六	19 七夕节	20 初八	21 初九	22 初十	23 处暑
24 十二	25 十三	26 十四	27 中元节	28 十六	29 十七	30 十八
31 十九						

9月
一	二	三	四	五	六	日
	1 二十	2 廿一	3 廿二	4 廿三	5 廿四	6 廿五
7 白露	8 廿七	9 教师节	10 八月	11 初二	12 初三	13 初四
14 初五	15 初六	16 初七	17 初八	18 初九	19 初十	20 十一
21 十二	22 十三	23 秋分	24 十四	25 中秋节	26 十六	27 十七
28 十八	29 十九	30 二十				

10月
一	二	三	四	五	六	日
			1 国庆节	2 廿二	3 廿三	4 廿四
5 廿五	6 廿六	7 寒露	8 九月	9 初二	10 初三	11 初四
12 初五	13 初六	14 初七	15 初八	16 初九	17 重阳节	18 十一
19 十二	20 十三	21 十四	22 十五	23 霜降	24 十七	25 十八
26 十九	27 二十	28 廿一	29 廿二	30 廿三	31 廿四	

11月
一	二	三	四	五	六	日
						1 廿三
2 廿四	3 廿五	4 廿六	5 廿七	6 廿八	7 立冬	8 三十
9 寒衣节	10 初二	11 初三	12 初四	13 初五	14 初六	15 初七
16 初八	17 初九	18 初十	19 十一	20 十二	21 十三	22 小雪
23 下元节	24 十六	25 十七	26 十八	27 十九	28 二十	29 廿一
30 廿二						

12月
一	二	三	四	五	六	日
	1 廿三	2 廿四	3 廿五	4 廿六	5 廿七	6 廿八
7 大雪	8 三十	9 十一月	10 初二	11 初三	12 初四	13 初五
14 初六	15 初七	16 初八	17 初九	18 初十	19 十一	20 十二
21 十三	22 冬至	23 十五	24 十六	25 十七	26 十八	27 十九
28 二十	29 廿一	30 廿二	31 廿三			

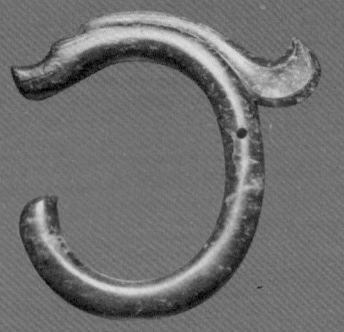

玉龙

年代：新石器时代后期·红山文化（距今约 6500—5000 年）
馆藏：中国国家博物馆

壹

史前文明 远古时期

中国是人类文明的发源地之一,中华文明更是人类历史上唯一未曾中断的文明。经过一两百万年漫长的进化,我们的祖先大约在一万年前跨入了新石器时代。先民们辛勤劳作,生生不息,用双手和智慧谱写出物质文明和精神文明的序章,让文明的曙光照亮了中华大地。

鹰形陶鼎

年代：新石器时代·仰韶文化
　　　（距今约 7000—5000 年）
馆藏：中国国家博物馆

01

鹰形陶鼎身姿矫健,线条流畅。它的一双大眼睛炯炯有神,仿佛能散发出锐利的光芒。鹰喙呈现钩状,一对翅膀背在背后,两条粗壮的腿和垂至地面的尾巴共同支撑起整个身躯,稳健而有力。

鹰形陶鼎既有鼎的实用功能,又巧妙地融入了鹰的造型艺术,形态生动,实用美观,完美展现了早期雕塑艺术品的独特魅力,无疑是史前雕塑艺术的珍品,令人赞叹不已。

02

中国是家蚕饲养与丝绸织造的发源地,养蚕丝织技艺堪称中国古代文明的璀璨瑰宝,丝绸更是中华文明的标志之一,这件牙雕家蚕是迄今为止中国发现年代最早的蚕雕艺术品。

牙雕家蚕用野猪獠牙雕刻而成,温润如玉,栩栩如生。蚕背微微隆起,身形呈现出优雅的弧线,既显生动又富有韵律感。蚕头高昂,尾巴俏皮地往上翘起,仿佛在全力以赴地吐丝,形神兼备,惟妙惟肖,极具艺术感染力。

牙雕家蚕

年代：新石器时代·仰韶文化晚期
　　　（距今约 5300 年）
馆藏：郑州市文物考古研究院

玉琮

年代：新石器时代·良渚文化（距今约 5300—4000 年
馆藏：良渚博物院

03

玉琮作为良渚文化的标志性礼器，是祭祀和礼仪活动中不可或缺的礼器。它的造型规整，内圆外方，象征着天地之间的贯通连接。

玉琮上常雕有神人兽面纹，雕琢技艺细致且高超，流露出一种庄重、神秘且肃穆的气质，是良渚人智慧与信仰的象征。

04

这件陶扁壶为汲水器,出土时已残破。它鼓凸的腹部一侧,用朱砂写了一个形似甲骨文的"文"字,而另一侧较扁平的部分也有两个神秘字符,尚未得到破译。陶扁壶破损处的周围,被细致地涂上了朱砂。

从文字的笔锋痕迹来看,这些朱书文字很可能是用毛笔书写的。这件陶扁壶为汉字的起源提供了极为珍贵的物证。

朱书文字陶扁壶

年代：新石器时代·陶寺文化
　　　（距今约 4300—3900 年）
馆藏：中国考古博物馆

双鸟朝阳蝶形器

年代：新石器时代·河姆渡文化
　　　（距今约 7000—5000 年）
馆藏：浙江省博物馆

05

双鸟朝阳蝶形器是河姆渡文化的标志性器物,它精心雕刻于象牙之上,刻工之精细、线条之流畅令人叹为观止。碟形器正面以细腻的阴线刻画出神秘的图案:中间是五圈同心圆,宛如太阳,两侧各有一只神鸟,鸟喙锐利如鹰,回首相望;上部为火焰纹,象征熊熊燃烧的火焰,下方则是飞扬的羽毛,仿佛鸟儿正在对着太阳翩翩起舞。

在蝶形器的器身上有六个穿孔,这些穿孔据推测是用于绑定在长柄之上,以便古人手持和展示。双鸟朝阳蝶形器是河姆渡人对太阳和神鸟崇拜的生动体现,诉说着先民的信仰与憧憬。

06

这件大型玉猪依托玉料的自然形态巧妙雕刻而成，重达88公斤，是目前中国发现的最大、最重、年代最早的玉猪，被誉为"中国第一玉猪"。

玉猪的加工雕刻完美地融合了玉料的自然形态，猪耳竖立，猪吻凸出，眼睛、鼻子、嘴巴线条清晰流畅，神态惟妙惟肖。

玉猪

年代：新石器时代·凌家滩文化
　　　（距今约 5800—5300 年）
馆藏：安徽博物院

人头形器口彩陶瓶

年代：新石器时代·仰韶文化（距今约 5500 年）
馆藏：甘肃省博物馆

07

人头形器口彩陶瓶巧妙地将女孩的形象和葫芦瓶融为一体,瓶身绘着精美的黑彩纹饰,瓶口为女孩头部,额头留着整齐的刘海,眼睛和嘴巴雕刻成孔洞状,鼻子挺拔,小嘴微张,双耳穿孔。

这件陶器出土于甘肃省秦安县大地湾遗址,是该遗址出土的唯一的人像陶器。它独具匠心,外形古朴,生动传神,既具有实用性,又充满了原始艺术魅力。

08

笛子是中国传统乐器家族中的一员,其历史悠久、富有深厚的文化内涵,备受人们的喜爱。

这支骨笛出土于贾湖遗址,采用涉水禽类的长骨制作而成。笛子上有七个孔,能够发出完整的七声音阶,是中国目前出土最早的乐器,被誉为"中华音乐文明之源",也有观点认为骨笛最初可能是古人观测天象节气的重要工具。

贾湖骨笛

年代：新石器时代·裴李岗文化
　　　（距今约 9000—7000 年）
馆藏：河南博物院

人面网纹彩陶盆

年代：新石器时代·仰韶文化（距今约 7000—5000 年）
馆藏：西安半坡博物馆

09

人面网纹彩陶盆是西安半坡遗址出土的一件彩陶珍品，色彩丰富，制作精良，图案简洁而神秘梦幻。彩陶盆呈橘红色，口沿有四组对称的刻画符号，盆内人面纹、网纹两两相对。

人面纹双眼紧闭，头顶有三角形发髻，上面是三角形尖锥帽，前额为倒三角，鼻子像倒着的字母"T"，嘴巴两侧各有一条变形鱼纹，人面和鱼纹巧妙融合在一起，十分神秘。盆内的网纹呈菱形，可能寓意张网捕鱼。

10

　　神面立柱石雕出土于陕西省神木市石峁遗址的皇城台。石雕呈圆柱形,高度约62厘米,直径约20厘米,采用浮雕技法雕刻,正反面各雕刻有一个神面形象,顶部也刻有图案,中央有个小圆窝,推测是祭祀物的插座。

　　神面像线条简洁精美,气韵生动,五官、发饰、胡须刻画清晰,前后神面的眼睛、嘴巴、牙齿形状不同、神态各异,一个怒目圆睁、张嘴露牙,另一个安静庄严、紧闭嘴巴,可能象征着古人的双神崇拜以及善与恶、阳与阴等精神寄托。

神面立柱石雕

年代：龙山晚期至夏代早期（距今约 4300—3800 年）
馆藏：陕西考古博物馆

铜编铃

年代：西周（公元前 1046—前 771 年）
馆藏：河南博物院

宅兹中国 夏商西周

夏、商、西周是中国古代早期国家形态的形成与初步发展的时期。在这段璀璨的历史长河中,中华民族的先民凭借其智慧与勤劳,缔造出辉煌灿烂的青铜文明,见证了最早成熟文字系统的诞生,确立了独具东方特色的礼乐制度,奠定了中华文明发展的基石,孕育了源远流长的中华优秀传统文化之根脉。

嵌绿松石兽面纹铜牌饰

年代：二里头文化（约公元前 1750—前 1530 年）
馆藏：中国考古博物馆

这件华丽的铜牌饰由青铜铸成，图案巧妙地运用了绿松石片镶嵌而成，被誉为中国最早的金镶玉艺术品，体现了当时高超的青铜冶铸技术和精湛的绿松石加工技艺。

铜牌饰表面的兽面纹是由数百颗绿松石片组成，每片绿松石的厚度仅1—2毫米，细密整洁，即便历经了3000多年的岁月沉淀，依旧光亮如新。兽面的眼睛巧妙地由两颗圆润的绿松石珠构成，璀璨夺目。整个铜牌造型奇异而夸张，充满了强烈的视觉冲击力和神秘色彩，令人叹为观止。

12

二里头出土的青铜爵是目前已知的中国历史上最早的青铜酒器,其形制自夏、商时期一直流传至西周中期,反映了当时的青铜冶铸技术已经达到非常高的水平。

爵的容量相对较小,一般在100毫升左右。爵并非日常饮酒所用的生活用品,而是贵族阶层所使用的祭祀礼器,主要用于加热、盛放和斟倒酒水。

青铜爵

年代:二里头文化(约公元前 1750—前 1530 年)
馆藏:中国国家博物馆

后母戊鼎

年代：商后期（约公元前 14—前 11 世纪）
馆藏：中国国家博物馆

13

后母戊鼎造型方正，形态浑厚雄伟，是目前已知中国古代最重的青铜器。鼎腹内壁铸刻铭文"后母戊"，"后"象征着尊重和威望；"母戊"则是商王母亲的庙号，"后母戊"的含义可能是"崇高的母亲戊"或"王的母亲戊"，表明此鼎是商王为祭祀母亲而制作的青铜重器。

后母戊鼎制作精良，工艺繁复，双耳挺立，四足稳健。器身布满云雷纹、饕餮纹、夔龙纹等精美纹饰，鼎耳装饰有生动的鱼纹，鼎耳外侧则饰以神秘的虎食人纹，这些细节都反映了当时青铜铸造的高超技艺，其独特魅力与厚重的历史底蕴令人赞叹不已。

14

这件精美的象牙杯出土于河南省安阳市殷墟妇好墓，杯身形如一只优雅的觚，圆口束腰，高度为 30.5 厘米，壁厚 0.9 厘米。这件杯子由中空的象牙根段雕琢而成，呈现出优雅的米黄色。杯身上巧妙地镶嵌着绿松石，使得整体更显华贵。

象牙杯的器身被绿松石条带巧妙地划分为四个部分，每一部分都装饰着精美丰富的纹饰，包括栩栩如生的鸟纹、威武雄壮的夔纹、神秘莫测的兽面纹，以及简约而富有韵律的几何三角形纹等。器身左侧的夔形鋬设计犹如一条蜿蜒向上的游龙，线条流畅且充满动感，龙尾之上装饰着精致的鸟纹，营造出一种和谐而灵动的自然之美。

这件象牙杯的设计匠心独运，造型别具一格。无论是整体的结构布局，还是局部的精细装饰，都展现出了极高的艺术水平和非凡的创造力。

嵌绿松石象牙杯

年代：商（公元前 1600—前 1046 年）
馆藏：中国考古博物馆

「妇好」青铜鸮尊

年代：商后期（约公元前 14—前 11 世纪）
馆藏：中国国家博物馆

15

鸮是古人对猫头鹰的称呼。这件鸮尊生动地塑造了一只昂首站立的鸮形象，双眼圆睁，炯炯有神。其头部后方亦有一小鸮站立，尾部伴随夔龙，巧妙设计成可开合的尊盖。两只粗壮的腿足与宽阔的尾翼共同支撑起整个鸮体，显得稳重大气。

鸮尊为酒器，纹饰运用了地纹、主纹与辅纹勾勒的"三层花"技艺，设计精巧。头顶上一对高耸的羽冠以夔龙纹装饰，脸两侧则是威武的兽面纹，宽嘴部分则饰有蝉纹，腿部同样采用夔龙纹。这些纹饰精美繁复，层次丰富，细腻精美。

16

四羊青铜方尊,在现存商代青铜方尊中体型最大,是商后期的盛酒器。它的纹饰极为华丽精美,运用了线刻、浮雕、圆雕等多种技法。

四羊青铜方尊上部为口沿,中间为腹部,下部为足部。腹部四角各塑有一头羊,羊角卷曲,羊口微张,眼睛凸起。羊只露出前身和腿,背部巧妙地融入了尊的腹部设计。羊腿犹如坚实的支柱,稳稳地支撑起整个器身。尊口沿上的每条蕉叶纹中巧妙地藏着一条小夔龙。在每个立面的两只羊之间,还有一只双角龙头探出,为整个尊增添了神秘而威严的气息。

四羊青铜方尊

年代：商后期（公元前 1300—前 1046 年）
馆藏：中国国家博物馆

皿方罍

年代：商（公元前 1600—前 1046 年）
馆藏：湖南博物院

17

皿方罍铸造于商代晚期,在目前所知商周时期的方罍中体量最大,堪称外形与内涵兼具的"神品",被誉为"方罍之王"。器盖内铸有"皿而全作父己尊彝"八字铭文,器身上则铸有"皿作父己尊彝"六字铭文。皿方罍器型硕大,雄浑庄重,器盖采用庑殿顶形设计,肩部两侧装饰有双耳衔环,正面腹部下方为兽首鋬,器身上刻有长条钩戟形扉棱。整器色泽黑亮,饰有精美的云雷纹、兽面纹、夔龙纹、凤鸟纹等纹饰,富丽堂皇,神秘别致。

18

钺,其形如斧但更为硕大,既作为实用的战斗兵器,也象征着权力和社会地位,常被用作礼器。亚醜钺呈长方形,顶部有双穿孔,下方则为锋利的弧形刃,两侧线条分明带有棱边。钺身巧妙运用了透雕工艺,刻画出了一幅人面纹图案,人面五官立体清晰,圆形双目炯炯有神,嘴角微微上扬,呈微笑之态,口中露出如城墙垛口似的整齐牙齿。

亚醜钺因铭刻"亚醜"二字而得名。在古代,"亚"字常常与亚旅、众大夫或武官等相联系,而"醜"则可能是某个古老部族的名称。专家推测,这件亚醜钺很可能是薄姑氏部族古老文明的珍贵遗存,堪称青铜器中的瑰宝。

亚醜钺

年代：商（公元前 1600—前 1046 年）
馆藏：山东博物馆

甲骨 6006

年代：商武乙文丁时期（公元前 1147—前 1112 年）
馆藏：国家典籍博物馆

这块甲骨残片记录了商王对祖先的一次祭祀。甲骨文专家董作宾曾将这块残片和其他甲骨残片缀合,从而确定了商王世系。

让人惊奇的是,甲骨文的记载与《史记·殷本纪》中有关商王世系的记载基本符合。专家们还依据甲骨文记载修正了《史记·殷本纪》中商王顺序的错误,破解了3000多年前的谜团。

20

　　这件造型别致、独具特色的铜猪鼻龙形器，出土于四川省广汉市三星堆遗址，长度达 1.2 米。头部巧妙地融合了龙头与猪鼻的特质，双眼圆鼓，吻部前端扁平，身体呈筒状。其表面饰有环形宽带纹、圆角三棱形纹、刀形羽纹，以及波浪纹等纹饰。

　　考古专家推测，这件铜猪鼻龙形器很可能是古蜀人建筑中的构件，用途可能是装饰建筑或是作为排水系统的一部分。因其憨态可掬、萌态十足的造型和独特的"混搭"风格，人们亲切地将其称为"金龙鱼"。

铜猪鼻龙形器

年代：商晚期（距今 3200—3000 年）
馆藏：四川省文物考古研究院

戴冠纵目青铜面具

年代：商（公元前 1600—前 1046 年）
馆藏：三星堆博物馆

四川省广汉市三星堆遗址是新石器时代晚期至商周蜀文化遗址，年代约为公元前2800—前800年，其青铜器以造型奇特、风格夸张闻名于世。

这件青铜面具长着如鸟翅膀般的长耳朵，额头上饰有卷云纹，额头正中有一个方孔，眉毛长刀状，鼻子高挺且呈鹰钩状，眼睛像圆柱般向外凸出。此造型可能与第一代蜀王蚕丛有关，传说他生有"纵目"，神通广大。《山海经》里的神人"烛龙"也长有"直眼球"，传说他睁开眼时即为白天，闭上眼时则转为黑夜。戴冠纵目青铜面具可能是古蜀人祭祀用器，反映了人们对神明的崇拜。

22

成都金沙遗址博物馆收藏有造型不一、各具特点的眼形器。专家推测眼形器可能与古蜀人对眼睛的崇拜有关,或与太阳崇拜紧密相关。

这款眼形器外形如鸟,中间宽而两头窄,眼头向内勾卷,眼尾则优雅地向上弯曲,器身涂有黑色色彩,整体设计既抽象神秘又精细别致。

青铜眼形器

年代：晚商至西周
馆藏：成都金沙遗址博物馆

玉龙形觿

年代：商（公元前 1600—前 1046 年）
馆藏：殷墟博物馆

23

觿（xī），是古代一种专门用于解结的工具，形状类似于锥子，通常由象骨、玉石等制成，也可用作佩饰。

这件玉觿为夔龙造型，通体呈现青色。龙首回首望向后方，下颚与后背相连，一对犄角向上挺拔突出，龙足前后蹲踞，尾巴硕大，向上翘起，尾部点缀着褐色斑点。整体形态生动逼真，威猛而不失优雅。

礼乐大成

为了有效统治辽阔的疆域，周朝实行了分封制。分封制如同中央与诸侯国之间构筑的一棵枝繁叶茂的大树，中央朝廷是坚实稳固的主干，而诸侯国则是繁茂的分枝，延伸到全国各地的每一个角落。周朝基于血缘关系和等级制度构建的宗法制度体系，使整个国家形成了一个层次分明、井然有序的金字塔形统治结构。

周公制礼作乐，逐步发展，形成了独具特色的礼乐文明体系。祭祀、宴飨不再是单纯的礼仪形式，而是成为等级的象征。青铜、玉器等精美绝伦的器物，也不仅仅是承载礼乐的工具，还是贵族身份地位的标志。它们不仅彰显了周代的礼仪规范，更凸显了不同阶层之间的尊卑贵贱。

虢叔旅钟

年代：西周（公元前1046—前771年）
馆藏：故宫博物院

周人崇尚礼制，他们在铸造青铜器时，常常用铭文颂扬天子和祖先的功德伟绩，记述家族的荣耀和传承。这件钟是西周晚期贵族虢叔旅为其父亲铸造的一组编钟中最大的一件，上面铸有长达91字的铭文，追述了祖先的辉煌功业，感激了周王室的恩赐，祈愿父辈庇佑子孙后代。

乐者，天地之和也；礼者，天地之序也。和，故百物皆化；序，故群物皆别。

——《礼记·乐记第十九》

【译文】
乐，象征天地的和谐；礼，象征天地的秩序。有和谐，所以万物化生；有秩序，所以万物有别。

在礼乐制度中，贵族们所使用的乐器种类、悬挂数量、悬挂方式、悬挂方位，以及乐队数量，根据其身份等级的不同而有所差异。如周王可以在四面都悬挂乐器，三面悬挂编钟、一面悬挂编磬，诸侯可以两面悬挂编钟、一面悬挂编磬，而卿大夫只能一面悬挂编钟，体现了严格的等级制度和礼仪规范。

古代演奏"雅乐"的主要乐器为编钟与编磬。通常在音乐起始时敲击编钟，而在音乐收尾时敲击编磬，这被称作"金声玉振"。

编钟

打击乐器，其形状就像两片瓦片扣合在一起，形体有大有小，大的编钟音调较低，音量较大；小的编钟音调较高，音量较小。

在祭祀、宴飨等庄重场合，编钟是礼仪乐器，按大小顺序悬挂在钟架上，用木槌敲击发出悠扬乐音。

青铜编钟（9 件）

年代：春秋（公元前770—前476年）
馆藏：中国国家博物馆

编磬

打击乐器，多为石质，青铜材质极为少见。单枚的称为"特磬"，多个磬组合起来按声调高低和体型大小依次排列称为"编磬"。

磬上端通常在中部设有穿孔，系上绳子之后便可以悬挂在架子上，使用木槌敲击演奏。

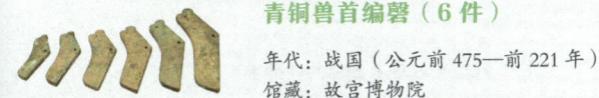

青铜兽首编磬（6 件）

年代：战国（公元前475—前221年）
馆藏：故宫博物院

编镈

大型打击乐器，盛行于春秋战国时期，多与编钟、编磬共同演奏。

黑敢镈

年代：春秋（公元前770—前476年）
馆藏：河南博物院

24

尊是一种用于盛酒的器皿。这件铜牺尊的造型是直立的神兽形象,其头部朝前,头顶有两根柱形犄角,在头后侧有一只小老虎在爬行。铜牺尊的背上设有盖子,盖纽则是一只站立的凤鸟。神兽的鼻子高高隆起,耳朵又长又直,腿部虽然短但显得结实有力。尾巴为三角形,神兽的腹部两侧饰有飞鸟般的竖扉,四只蹄子上刻有爪形纹。铜牺尊全身布满精美的纹饰,在盖子的内底以及器体的腹内底铸有铭文"邓仲作宝尊彝"。

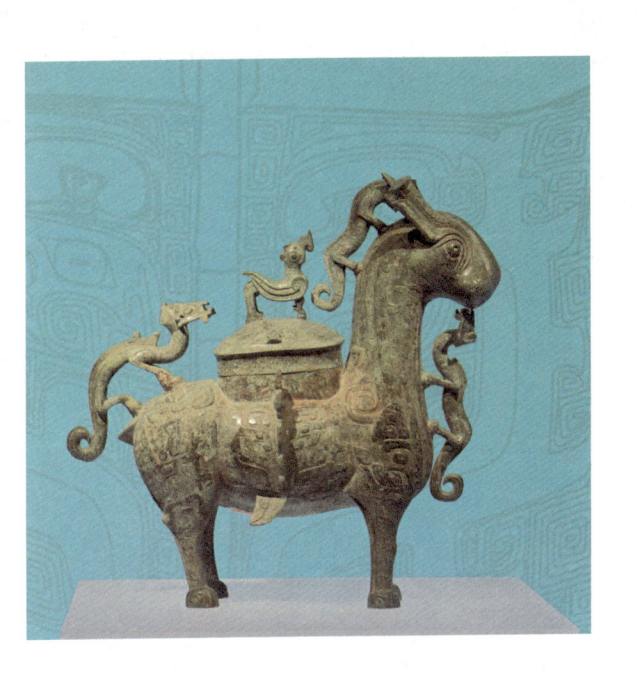

铜牺尊

年代：西周（公元前 1046—前 771 年）
馆藏：中国考古博物馆

何尊

年代：西周（公元前 1046—前 771 年）
馆藏：宝鸡青铜器博物院

25

何尊是西周早期的一件盛酒器,由贵族"何"铸造,故此得名。器身呈优美的椭方形轮廓,状如"亚"字,器身上装饰有四道精美的透雕扉棱。纹饰繁复华丽,包括蕉叶纹、蛇纹、饕餮纹和云雷纹等,自上而下将器身分为三部分,庄重而威严。青铜器底部刻有铭文,共计12行122字,其中有"宅兹中国"的字句,这是目前所发现的关于"中国"二字的最早的文字记载,大意是"天下的中心"。

铭文上的"中"字,宛如一根旗杆,上下饰有飘带,旗杆竖立;而"国"字的写法与"或"字相似,它由城池和干戈组成,象征着"执干戈以卫社稷",即拿起武器保卫家国。大约从周朝初期,以黄河流域为核心的华夏地区便被称作"中国"。

26

五祀卫鼎造型简洁、朴素大方，身上没有太多华丽的纹饰，仅在口沿下饰窃曲纹、细雷纹。它闻名天下，因为其腹部铭文具有极高的历史价值，被誉为"青铜史书"。

鼎铭文共19行207字，记述了西周共王五年（公元前918年）正月的一起土地交易事件。鼎的主人叫裘卫，他的邻居邦君厉因治理河流占用了他的土地，并许诺赔偿裘卫五百亩地却迟迟不兑现。裘卫将此事告诉给刑伯、伯邑父、定伯等大臣，邦君厉承认此事，表示遵守约定并立下誓言。执政大臣命司徒、司马、司空和内吏实地勘察、划定地界并办理了手续。因为铭文中有确切纪年，所以成为判断西周中期青铜器的标准器，非常珍贵。

五祀卫鼎

年代：西周（公元前 1046—前 771 年）
馆藏：陕西历史博物馆

神面卣

年代：西周（公元前 1046—前 771 年）
馆藏：保利艺术博物馆

27

卣是中国古代的酒器，通常配有盖子和提梁，尤其在商代和西周初期盛行。保利艺术博物馆所收藏的这尊神面卣，具有典型的商周青铜器特征，被专家誉为百年难遇的艺术珍品。

卣的器盖与器身皆为神面造型，可能象征着周人心目中的天帝。它头生双角，双目圆睁，獠牙显露在外，展现出威猛且神秘的气质，极具震慑力。器盖上站立着一只鸮（猫头鹰），而提梁和圈足部位则分别饰有一尾双头和一头双身的龙，彼此间相互呼应。提梁的两端则是由象鼻、牛头、羊角等元素组合而成的神兽。器身中央伸出的貘首展现了食蚁兽的特征。

28

"盠"青铜驹尊是西周中期的盛酒器,贵族"盠"铸造。其造型为一匹昂首站立的小马驹,两耳挺立,颈后的鬃毛整齐排列,马腿健硕有力,朝气蓬勃,栩栩如生。驹尊并未装饰繁复的花纹,仅在腹部以简单的圆涡纹作为点缀。在驹尊的颈胸部刻有94字铭文,器盖内刻有11字铭文。

其铭文记述了周王举行执驹礼并赐给"盠"两匹驹,名为勇雷和锥子。执驹礼是西周时期祭祀马祖的一项重要典礼,通常在春天举行,典礼的主要目的是让两岁左右的小马驹断乳离开母马服役接受训练,并向周王献马。

「盠」青铜驹尊

年代：西周（公元前 1046—前 771 年）
馆藏：中国国家博物馆

061

班簋

年代：西周中期（公元前 10 世纪中期—前 9 世纪中
馆藏：首都博物馆

29

班簋又称毛伯彝，是首都博物馆"镇馆之宝"。班簋设计独特，口部宽大，腹部圆润，口沿下饰以精美的弦纹和圆涡纹，而腹部则装饰有四组威严的兽面纹。其垂耳呈象鼻造型，巧妙地背靠于腹部，底端内卷，形成了班簋的支撑足。

班簋腹部内底铭文共 20 行 198 字，记述了周王册封毛公，并命令其后人"班"率军随毛公东征打仗的辉煌历史功绩，具有重要的历史价值。班簋造型别致，工艺精湛，其发现与修复过程亦颇具传奇色彩。1972 年，两位文物工作者在废品站意外发现了班簋的青铜残片，后经故宫博物院文物修复师的精心修复，班簋得以重现辉煌。

玉作六器

以玉作六器,以礼天地四方:以苍璧礼天,以黄琮礼地,以青圭礼东方,以赤璋礼南方,以白琥礼西方,以玄璜礼北方。皆有牲币,各放其器之色。

——《周礼·春官宗伯·大宗伯》

【译文】

用玉制作六种器,祭祀时用以敬拜天地和东西南北方之神。用苍璧敬拜天,用黄琮敬拜地,用青圭敬拜东方,用赤璋敬拜南方,用白琥敬拜西方,用玄璜敬拜北方。祀诸神时,都有牺牲和束帛,牲帛的颜色和该方位所用器的颜色相匹配。

玉璧

玉璧通常呈扁平圆形,正中心有圆孔,孔径较大,表面及边缘平滑或雕刻有纹饰。常用作祭祀、朝聘、婚丧等礼仪活动中的礼器,也可作为佩饰使用。

青素玉璧

年代:西周(公元前1046—前771年)
馆藏:北京文物交流中心

玉琮

玉琮是一种方柱形或筒形的玉器,中间带有圆孔,寓意着天圆地方。

玉琮

年代:新石器时代·良渚文化
(距今约5300—4000年)
馆藏:故宫博物院

玉圭

长条形玉器，上尖下方。古代贵族在祭祀、朝聘、丧葬等礼仪活动中使用的礼器。

玉圭
年代：新石器时代·龙山文化（距今约 4500~4000 年）
馆藏：故宫博物院

玉璋

半圭形玉器，顶端呈斜锐角形状，是古代贵族们常在祭祀、朝聘、丧葬等礼仪活动中使用的礼器，同时它也可作为治军的信玉。

玉璋
年代：二里头文化（约公元前 1750—前 1530 年）
馆藏：中国考古博物馆

玉琥

雕刻成虎形的白玉。

玉琥
年代：秦（公元前 221—前 206 年）
馆藏：西安博物院

玉璜

形状像玉璧的半边，古代贵族在祭祀、朝聘、丧葬等礼仪活动中所使用的礼器，也可用作装饰。

龙首黄玉璜
年代：西周（公元前 1046—前 771 年）
馆藏：孔子博物馆

青铜方壶

年代：春秋（公元前770—前476年）
馆藏：山西博物院

叁

群雄争霸 春秋战国

春秋战国时期，中国从奴隶社会向封建社会过渡。地方诸侯国的力量日益壮大，他们利用战争和联盟激烈地争夺霸权，中华大地上权谋纷呈、战火连绵。与此同时，儒、道、墨等诸子百家纷纷登上历史舞台，推动了思想文化的大发展，为后世留下了丰富的文化遗产。这一时期，中华文明经历了一次深刻的变革与洗礼，奠定了此后数千年的历史格局与文化基础。

30

吴王光即吴王阖闾,是春秋时期吴国的君主,他任楚国旧臣伍子胥为相、齐人孙武为将军,发展国力,吴国日渐强盛,成为"春秋五霸"之一。

吴越地区的青铜铸剑技术十分发达,这柄青铜剑正是吴王光的剑。剑身修长,剑刃锋利,具备典型的春秋时期青铜剑的特征,是春秋时期吴国文化和铸剑技术发展的缩影。

吴王光青铜剑

年代：春秋吴王光时期（公元前 514—前 496 年）
馆藏：中国国家博物馆

晋公盘

年代：春秋（公元前770—前476年）
馆藏：山西博物院

31

春秋战国时期，诸侯国常常通过联姻的方式来加强联系。晋公盘是"春秋五霸"之一的晋文公重耳为其宗室长女孟姬出嫁楚国而准备的嫁妆。这是一件盥洗青铜器，底部中央饰有两只浮雕盘龙，盘内则是一群水鸟、乌龟、青蛙和游鱼等动物，它们形态各异，栩栩如生。盘内圆雕动物均能360度转动，鸟嘴可开合，乌龟头部也能伸缩，生动有趣，极具巧思。

晋公盘的内壁铸刻有183字的铭文，晋文公追述了先祖至父辈的辉煌功绩，寄托了对女儿孟姬远嫁的嘱托和祝福，彰显了晋国的盛世气象和深厚的文化底蕴。

32

侯马盟书是春秋晚期至战国早期以赵氏家族为首的晋国卿大夫之间举行盟誓时的约信文书，1965—1966年出土于山西省侯马市秦村，共5000余片，是1949年以来中国考古发现的重大成果，也是山西博物院馆藏的十大国宝之一。

侯马盟书以朱笔或墨笔写在玉石片上，形状以圭形为主，也有圆形及不规则形状，内容包含宗盟、委质、纳室、诅咒、卜筮等类别。这些盟书对研究中国古代盟誓制度、古文字及晋国历史有重要意义。

侯马盟书

年代：春秋（公元前770—前476年）
馆藏：山西博物院

书刻工具

年代：春秋（公元前770—前476年）
馆藏：济宁市博物馆

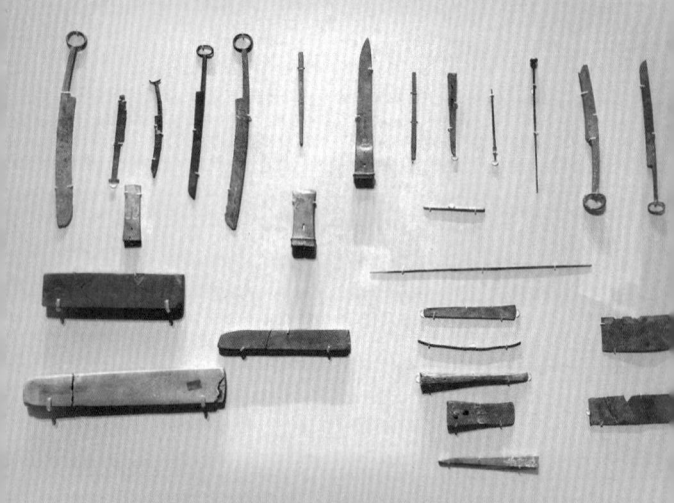

33

简牍是古人运用竹木制成的狭长形书写材料,并用绳子编连成册,成为纸张问世前使用时间最长、应用最广泛的书写载体之一,南方多用竹简,北方多用木简。竹简的制作过程繁复精细,需经历裁切、杀青(用火炙干)、书写、钻孔、编连等诸多环节。在书写过程中,若不慎出错或遗漏,需用刮刀刮去字迹,重新书写。

这组珍贵文物包含了破竹剖简、修治打磨、刻字改错、磨砺利器等全套工具,共计 27 件。这是迄今为止最为齐全的春秋时期的书刻工具,揭示了汉字书写文化的历史和独特魅力。

34

金首铜镈权杖是目前发现的唯一的金质权杖，整器长约 1.4 米。球形权杖头由黄金铸造，并刻有精美的蟠螭纹，权杖尾部为锈迹斑驳的铜镈，出土时木杖身已经炭化消失，仅在尾部的铜镈内留存了几厘米的木芯。

权杖既是一种生活用具，也是象征身份和地位的装饰品。金首铜镈权杖出土于陕西省澄城县刘家洼芮国遗址。芮国是西周至春秋时期的姬姓诸侯国，与周王室同源，多代国君曾出任周王的辅臣。该权杖将西方权杖的造型与东方青铜器纹饰结合，展现了当时的文化交流与交融的特点。

金首铜镎权杖

年代：春秋（公元前770—前476年）
馆藏：陕西省考古研究院

商鞅方升

年代：战国（公元前 475—前 221 年）
馆藏：上海博物馆

35

商鞅方升是目前发现的商鞅变法的唯一物证,于秦孝公十八年(公元前344年)铸造。当时商鞅担任秦国大良造一职,相当于相国兼将军,这是他推行变法统一秦国度量衡所监制的标准量器。方升由青铜铸造而成,呈长方形,容量是十六又五分之一立方寸,实测容积是202.15立方厘米,展示了古代工匠的卓越技艺与精准度量。

商鞅方升上铭文说明该升铸造地点在重泉(县名),后转至"临"地(县名)使用,底部有加刻秦始皇廿六年(公元前221年)诏书铭文。此升实际使用时间超过120年,是中国度量衡史上极为重要的国宝级文物,其科学理念和标准观念影响至今。

36

牛虎铜案是古滇国庄重而神秘的案祭礼器,案体为一尊硕壮的大牛,宽大的脊背形成案面,在祭祀活动中用来盛放祭品,四腿形成坚实的案足。牛体雄壮有力,身体前倾,两角前伸,双眼瞪得像铜铃,一只老虎跃上牛身,紧紧咬住牛尾,与牛形成力量的对峙。大牛案下方有只小牛,神情悠然自得,似乎并未被激烈的争斗所影响。

"虎噬牛"是滇文化中常见的题材,威风凛凛的老虎象征着权威,坚韧的牛代表着生命和财富。牛虎铜案巧妙地融合了动物形象与实用功能,不仅在力学结构上达到了完美的平衡,更在美学上展现出极高的艺术造诣,堪称古滇国时期青铜艺术的杰作,是云南省博物馆的镇馆之宝,静静地诉说着古滇国的辉煌历史与灿烂文化。

牛虎铜案

年代：战国（公元前 475—前 221 年）
馆藏：云南省博物馆

鹰顶金冠饰

年代：战国晚期（公元前 403—前 221 年）
馆藏：内蒙古博物院

37

鹰顶金冠饰由黄金制成，分为冠顶和冠带两部分。冠顶中央一只雄鹰展翅高飞，鹰首与颈部由绿松石制作，鹰身装饰着细腻的羽毛状纹路，尾部巧妙地利用金丝与鹰体紧密相连。雄鹰双足下是一个半球形的冠顶，被均匀地分为四个部分，每个部分都精心雕刻着一只狼和一只盘角羊的浅浮雕图案。冠带部分则由三条半圆形的金带组成，主体部分装饰着绳纹，末端分别雕刻着羊、马、虎形象，栩栩如生。

鹰顶金冠饰是迄今为止中国发现的唯一的匈奴单于金冠饰，其构思巧妙，工艺精湛，综合运用锤揲、镌镂、抽丝、编索、镶嵌等复杂工艺，具有鲜明的匈奴民族的文化特点，被誉为"草原瑰宝"，代表了战国时期中国北方民族贵金属工艺的最高水平。

38

虎符是古代君王用于授予兵权和调遣军队的信物，盛行于战国和秦汉时期。一般由铜铸成伏虎形，分为两半，一半在朝廷或君王手中，另一半在地方官吏或军事长官手中。使用时朝廷使者持符至地方或军队驻地，两半相合无误方能生效。虎符不仅是军事行动的凭证，也是古代皇权和军权的象征。

杜虎符出土于陕西省西安市南郊北沈家桥村，其所在地区属先秦杜县中心地带，因而得名"杜虎符"。虎身上有9行40字的错金铭文，明确虎符右半存于君王处，左半在杜地的军事长官手中。当调兵超过50人时，需要将领的左半符与君王的右半符对合验证。据专家考证，"右在君"所指的君主是秦惠文君。

杜虎符

年代：战国晚期（公元前403—前221年）
馆藏：陕西历史博物馆秦汉馆

战国钱币

春秋战国时期,政治舞台上风起云涌,各诸侯国之间战火纷飞,群雄逐鹿中原,共同绘制了一幅波澜壮阔的历史画卷。与此同时,这一时期的地域文化也呈现出多元发展的态势,货币种类繁多,为后世留下了丰富的历史遗产。

半两圆钱

年代:战国·秦
馆藏:山西博物院

平阳平首方足布币

年代:战国·赵
馆藏:山西博物院

安邑二釿平首圆肩桥足布币

年代:战国·魏
馆藏:山西博物院

安阳之法化刀币

年代：战国·齐
馆藏：山西博物院

直刀币

年代：战国·赵
馆藏：山西博物院

明刀币

年代：战国·燕
馆藏：山西博物院

"曾侯乙"方鉴缶

年代：战国（公元前475—前221年）
馆藏：分别藏于湖北省博物馆和中国国家博物馆

39

"曾侯乙"方鉴缶共出土了两件，方鉴缶由外部的方鉴和内部的方尊缶组合而成，以方尊下方榫眼与方鉴内底弯钩扣合连接，口小肚大，设计巧妙。在鉴与缶之间存在一个特别的"夹层"。夏日在这个夹层中放入冰块，可以使缶内的酒冷却；冬季在夹层中加入热水，可以保持缶内酒的温度，可谓是调节温度的神器，与之配套使用的还有一把长柄青铜勺。

鉴与缶身上分别刻有"曾侯乙作持用终"的字样，显示了主人的尊贵身份。鉴底部装饰有兽形足，小龙托着鉴缶，而其四边及角上则镶嵌着龙形耳纽，尾巴巧妙地缠绕在小龙与五瓣小花之间。盖子则巧妙地设计了兽面衔环作为把手，而缶盖则呈现方形，并带有竖环耳。"曾侯乙"方鉴缶结构精巧细致，工艺精湛绝伦，令人叹为观止。

40

水晶在古代被称为"水玉"或"水精",是一种纯粹的石英。紫晶以艳丽的颜色而闻名,颜色和透明度深浅各异,在古代被视为尊贵之色,代表着主人尊贵的社会地位或身份。战国时期的强国之一齐国盛产水晶原矿,佩戴水晶组佩十分流行,逐渐取代了西周时期以玉璜为主的组佩形式。

这组紫晶玛瑙串饰由1枚紫晶环、1枚棱形紫晶珠、1枚鼓形紫晶管、6枚多面紫晶珠和1枚龙形玛瑙(也称蚕形饰)组合而成,制作精细,工艺精湛,整体晶莹透亮,质感圆润,展示了战国时期水晶工艺的高超水平。

紫晶玛瑙串饰

年代：战国（公元前 475—前 221 年）
馆藏：孔子博物馆

铁器

春秋战国时期,随着冶铁技术的不断发展,铁器逐渐被广泛应用于农业和手工业中,大大提高了生产效率。石器、骨器、蚌器和青铜器等工具基本上被铁器替代。铸铁农具的普遍推广和使用,成为这一时期生产力发展的重要标志。

铁镢

年代:战国(公元前 475—前 221 年)
馆藏:中国农业博物馆

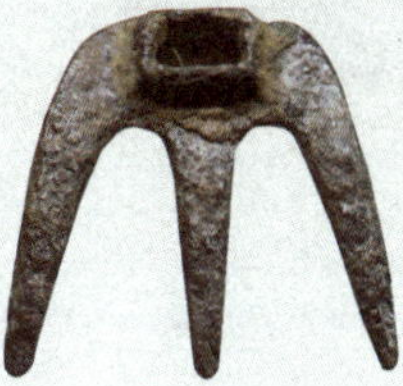

三齿铁耙

年代：战国（公元前 475—前 221 年）
馆藏：中国农业博物馆

嵌错社会生活图画壶

年代：战国（公元前 475—前 221 年）
馆藏：保利艺术博物馆

41

此青铜壶有一对，大小、形制、纹饰基本相同，壶盖微微鼓起，形似锅盖，上面有三个栩栩如生的鸭形纽。盖顶的中心装饰有三朵卷云纹，外层则环绕着十二只形态各异的走兽。壶的肩膀两侧各镶嵌着一个铺首，它们衔着环，眼珠圆鼓，眉毛浓密，兽角卷曲，耳朵细小，展现出独特的艺术风格。

壶颈和腹部嵌错着精美的图案，描绘了周代贵族的生活场景。壶身图案分为四层，每层都嵌错着生动的贵族生活场景画，分别有贵族射箭和采桑的画面，展现了射箭比赛、射猎飞鸟和乐舞的场景，还有陆战与水战、斗兽和对兽等丰富多彩的图案。这些图案不仅展示了当时贵族生活的丰富多彩，也反映了古代工匠的高超技艺。

42

楚国生产的丝织品种类繁多、纹样丰富、技艺精湛,代表着先秦时期丝织品工艺技术的最高水平。湖北江陵马山一号楚墓出土了大量丝织品,仅完整衣物就有35件,这些丝织品几乎囊括了先秦时期的所有品种,其丰富程度令人叹为观止,被人们誉为"地下丝绸宝库"。

这件凤纹绣绢緅衣出自一号楚墓,衣领、袖口边缘为大菱形纹锦、条纹锦,衣服背面主题纹样为凤鸟践蛇纹,一只凤鸟展翅欲飞,脚下稳稳踏着一条蜿蜒的蛇身,口中还紧紧衔着另一条蛇。织衣织绣精细、工艺高超、图案生动,仿佛将人带入了一个古老而神秘的服饰世界。

凤纹绣绢鞦衣

年代：战国（公元前475—前221年）
馆藏：荆州博物馆

"汉并天下"瓦当

年代:汉(公元前206—公元220年)
馆藏:陕西历史博物馆

肆

大国一统 秦汉王朝

公元前221年,秦国统一六国,建立了中国历史上第一个统一的中央集权的封建国家,中央朝廷实行三公九卿制,地方推行郡县制,统一度量衡、货币和文字,对中国历史产生了深远的影响。秦汉时期,农业得到进一步发展,手工业和商业繁荣,丝绸之路的开通促进了东西方的贸易和文化交流。文学、艺术、科技等领域都取得了极大发展,出现了文景之治、汉武盛世等盛世图景。

琅琊刻石

年代：秦始皇二十八年（公元前219年）
馆藏：中国国家博物馆

43

秦始皇一统天下后,五次巡视各地,以彰显其威势。公元前 219 年,秦始皇东巡至琅琊郡(今山东省青岛市黄岛区),并在此地刻石颂扬他的丰功伟绩,强调了制定统一法律、文字、度量衡等措施对巩固国家统一的重要性。

这块刻石的后半部分保存至今,碑体为竖直长方体,残存 13 行 87 字,书体为秦篆,据传为李斯所书。前 2 行记载了公元前 219 年随秦始皇巡视的从臣中最后两位的官职和姓名,后 11 行记载了公元前 209 年秦二世补刻的诏书及其从臣姓名,但字迹已模糊。琅琊石刻被称为秦碑,堪称稀世珍品,具有极高的历史文化价值。

44

这件精美的勾连云纹玉杯出土于"天下第一官"阿房宫遗址,是西安博物院镇馆之宝之一。有人说它是秦始皇使用过的酒杯,也有人认为这是古人用来盛露水的容器,反映了他们对长生不老、延年益寿的追求。

此杯由杯身和底座构成,雕刻有华丽的纹饰,自上而下分别是柿蒂叶子与连云纹、谷丁勾云纹、几何形勾云纹、变形云头纹,每层纹饰之间均有弦纹分隔;底座阴刻五个矩形框,内有"S"形简化凤纹。整杯造型典雅,奢华精美,吉祥如意扑面而来。

勾连云纹玉杯

年代：秦（公元前221—前206年）
馆藏：西安博物院

铜权

年代：秦（公元前221—前206年）
馆藏：首都博物馆

45

权是测定物体重量的器具,秦代的权多为铜质,也有铁质和陶质。这件铜权是秦代法定的标准器,呈半球状,底部平坦,实心构造,顶部设有圆拱形的桥纽,是秦代统一度量衡的重要物证。

在铜权半球形的表面,自右向左镌刻有40字的铭文,大意是始皇帝二十六年(公元前221年),秦始皇兼并诸侯国,实现全国统一,百姓过上了安定生活。秦始皇自称"始皇帝",颁布诏书,命令丞相隗状、王绾制定统一度量衡的法令,以消除混乱的度量衡制度,实现了全国度量衡的统一。

46

一号坑兵马俑

年代：秦（公元前221—前206年）
馆藏：秦始皇帝陵博物院

兵马俑发现于1974年,是秦始皇陵陪葬体系的重要部分。目前共发掘了四个兵马俑坑,其中一号坑是以步兵为主的长方形军阵,二号坑是由弩兵、骑兵、战车和徒卒组成的曲尺形军阵,三号坑是军车阵的统帅部,而四号坑则是一个废弃坑。出土的文物除了陶俑和陶马外,还包括大量青铜兵器、车马器等,共五万余件。兵马俑群规模庞大、布局雄伟、造型逼真、制作精细、历史悠久,堪称中国雕塑艺术的瑰宝,被誉为"世界第八大奇迹"。

跪射俑

年代：秦（公元前 221—前 206 年）
馆藏：秦始皇帝陵博物院

军吏俑

年代：秦（公元前 221—前 206 年）
馆藏：秦始皇帝陵博物院

两乘大型彩绘铜车马出土于陕西省西安市临潼区秦陵封土西侧陪葬坑,经专家和能工巧匠历时八年成功修复。这两辆车马的造型结构媲美真车,大小约为真车马的一半,各有 1 名御者和 4 匹马,整车装饰华贵、制作技艺精湛,是目前发现的古代车舆中级别最高的车马模型。因其造型精美、结构复杂,被誉为"青铜之冠"。

铜车马一号车

年代:秦(公元前 221—前 206 年)
馆藏:秦始皇帝陵铜车马博物馆

一号车为立车,呈长方形,四面敞露,车上装有一柄可以拆卸的圆形伞盖,御者站立。立车也叫高车,常见于先秦时代的狩猎、战争和礼仪活动中。在皇帝的车队中,立车主要用来开道或警卫。

铜车马二号车

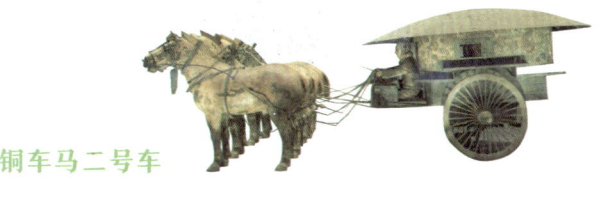

年代：秦（公元前221—前206年）
馆藏：秦始皇帝陵铜车马博物馆

  二号车为安车，前面较小，御者在此驾驶，后边的车厢宽大，为主人安坐所在。安车设计精巧，且能调节温度，因此又被称为辒辌车。

铜蒜头壶

年代：秦（公元前 221—前 206 年）
馆藏：南越王博物馆

47

蒜头壶是一种酒器，起源于战国晚期的秦国，主要由陶和铜两种材质制成，因其壶口形状酷似饱满的大蒜而得名。蒜头壶可能受到阿契美尼德王朝裂瓣纹的影响，造型别致，器身灵动，是中西文化交流的重要见证。

伴随着秦国兼并六国的战争，蒜头壶流传到很多地方，这种造型逐渐流行起来。这件铜蒜头壶出土于南越王墓后藏室，揭示了秦文化与岭南文化之间的交融与影响。

48

　　筒瓦是古代建筑构件，通常由陶土烧制而成，呈圆弧形，用于覆盖屋面、填补缝隙，兼具防水与装饰的双重功能，前端下垂的部分称为瓦当。

　　这件陶筒瓦出土于河北省秦皇岛市北戴河秦行宫遗址。专家们根据遗址的宏伟规模以及出土的大型瓦当、筒瓦等建筑构件，确认这处宫殿建筑群遗址曾是秦始皇东巡的行宫。这里不仅是秦朝的历史遗迹，也是研究秦代建筑的珍贵资料库。

陶筒瓦

年代：秦（公元前221—前206年）
馆藏：河北省文物考古研究院

鎏金银竹节熏炉

年代：汉（公元前206—公元220年）
馆藏：陕西历史博物馆秦汉馆

49

鎏金银竹节熏炉出土于汉武帝茂陵附近,是汉代博山炉的代表之作。整器以山为装饰元素,炉盖为博山形,柄为竹节形,通体鎏金银,纹饰华丽精美。历经两千年时光依然华美绝伦,璀璨夺目,是难得的稀世珍宝,展示了汉代宫廷的生活美学。

炉盖如层叠仙山,山间小孔用于香气散溢,底部雕饰蟠龙纹,底色鎏银,5节竹节柄从炉底座的蟠龙口中伸出,上端为3条回首张口的蟠龙,龙首上承炉盘,下接圈足,龙身鎏金、龙爪鎏银,宛如在仙境中奔腾。

50

皇后印玺制度始于秦朝,帝后印章称"玺",其余称"印"。这件玉玺出土于汉高祖刘邦和皇后吕雉合葬墓东侧附近,是目前发现的唯一的汉代皇后玉玺,实为国宝文物。专家推测它的主人为吕后——中国历史上记载的第一位皇后和皇太后,具有极高的历史价值和艺术价值。

皇后之玺呈正方形,以羊脂玉雕刻而成,温润细腻,光泽如凝脂。印纽为矫健的螭虎形象,寓意君临天下、威服臣官。印面篆书"皇后之玺"四字,刀法精湛,书体流畅,制作精良,尽显皇家气派。

皇后之玺

年代：西汉（公元前206—公元25年）
馆藏：陕西历史博物馆秦汉馆

长信宫灯

年代：汉（公元前206—公元220年）
馆藏：河北博物院

51

长信宫灯出土于西汉时期中山靖王刘胜妻子窦绾墓。宫灯上刻有9处铭文,共计65字,因铭文中有"长信"二字,得名长信宫灯。

长信宫灯全身铜质鎏金,工艺精美,栩栩如生。宫女头戴巾帼、身着深衣,跪坐于地,左手稳稳托住灯座,右手高擎灯罩,神态安详恬静。此灯设计极为精巧,由头部、身躯、右臂、灯座、灯盘和灯罩六部分组成,组装与拆卸均十分便捷,灯盘可自由转动,灯罩亦可开合自如,可根据需求调节亮度和光照方向。宫女的袖管被巧妙地设计成烟道,使烟尘在灯内得到有效过滤。

长信宫灯将装饰性与实用性完美结合,堪称汉代青铜灯中的杰作。它在艺术上达到了极高水准,同时在实用性和环保理念上也展现出了古代人民的智慧与匠心。

52

胡傅温酒铜樽为圆柱形的铜器，重12公斤，铸造于西汉河平三年（公元前26年）。铜樽通体鎏金，端庄大方，精美华贵，可能是当时贵族用于盛放或加热酒的器物，它不仅是一件极具艺术价值的汉代青铜器艺术品，更是古代中原与北方游牧民族文化交流与融合的见证。

铜樽盖中央设有提环，周围装饰有三个凤形纽，底部为三个熊形足。樽盖和腹部装饰着20多种动物浮雕，有骆驼、大象、老虎、羊、兔子等自然界中的动物形象，它们体态各异、造型生动，仿佛将人们带入了一个神秘的空间。

胡傅温酒铜樽

年代：西汉（公元前206—公元25年）
馆藏：山西博物院

马蹄金

年代：西汉（公元前206—公元25年）
馆藏：南昌汉代海昏侯国遗址博物馆

麟趾金

年代：西汉（公元前206—公元25年）
馆藏：南昌汉代海昏侯国遗址博物馆

马蹄金和麟趾金

马蹄金和麟趾金是西汉时期的黄金铸币。据传汉武帝在郊祀时曾捕获白麟,在水滨又发现了天马,有感于这些频繁出现的祥瑞之兆,下令铸造马蹄金、麟趾金等纪念物,用以赏赐诸侯王。西汉时期的马蹄金和麟趾金铸造工艺精湛,造型别致美观。

江西省南昌市西汉海昏侯刘贺墓中出土了大量金器,其中包括马蹄金48件、麟趾金25件。这些金器采用了细金工艺中的花丝工艺,通过掐、填、攒、焊等多种技法,制作出各种花丝组成精美细腻的纹样。部分金器的顶部还镶嵌了琉璃或玉石,底部则铸造或贴有"上""中""下"等字样,展现了当时金器制作的精湛技艺。

54

天马原指中亚地区大宛国的珍稀马种,以卓越的耐力和速度著称,其出汗时肩部呈现如血般殷红的色泽,得名汗血宝马。汉武帝对这种良马极为垂青,赞为"天马",并亲笔作歌赋颂扬。汉代工匠们常以汗血宝马为原型雕琢玉马,巧妙地给这些骏马添上翅膀,使它们宛若自天而降的神兽,姿态优美,神韵飘逸。

这件玉天马,昂首挺胸,气宇轩昂,原本可能由白玉雕成,然而三条腿及尾部不幸残断,可能曾经历火灾,身体部位发黑,增添了些许沧桑之感。马腹部刻有乾隆题写的诗文,字迹清晰,诗韵悠远。

玉天马

年代：汉（公元前206—公元220年）
馆藏：故宫博物院

漆耳杯

年代：西汉（公元前206—公元25年）
馆藏：首都博物馆

55

耳杯为古代盛酒、羹或其他食物的器具,两侧各附有一个半月形的"耳朵",形如鸟的翅膀,也被称作羽杯或羽觞。古代民间盛行名为"曲水流觞"的河边饮酒风俗,后逐渐演变成文人墨客诗酒唱酬的雅致活动,在汉魏至南北朝时期尤为流行。

漆耳杯最早出现在春秋晚期和战国时期,盛行于汉魏时期。汉代是漆器工艺发展的鼎盛时期,被誉为漆器的"黄金时代",漆耳杯的生产和制作也达到了较高的水平。这只椭圆形的漆耳杯是木制的,其杯腹较浅,杯身涂有红、黑两种漆色,杯底中央装饰着精美的纹饰,显得既古朴又典雅。

56

错金银云纹青铜犀尊是一款以苏门犀为原型的酒器,它昂首站立,牛角尖锐,身体健壮有力,双眼镶嵌着乌黑发亮的黑色料珠。腹部中空,用以盛放美酒。背部设有一个盖子,下方是向内倒酒的椭圆形口。嘴角的圆管状獠牙则作为向外倒酒的流,尾巴则巧妙地作为尊的把手。犀尊整体比例精准,形态栩栩如生,充满活力,堪称汉代青铜器中的精品。

犀尊全身布满黄金和白银的细丝片镶嵌而成的精美花纹,精细如犀牛的毫毛。这种工艺被称作"错金银"或"金银错",是古代金属细工装饰技法的一种。工匠们将金银或其他金属丝、片压嵌在青铜器表面,形成各种纹饰或文字,使其看起来璀璨夺目。除了青铜器,"错金银"工艺也被应用于漆器、木器、玉器等器物中。

错金银云纹青铜犀尊

年代：西汉（公元前206—公元25年）
馆藏：中国国家博物馆

双龙纹玉佩

年代：西汉（公元前206—公元25年）
馆藏：徐州博物馆

57

这块西汉早期的双龙纹玉佩出土于江苏省徐州市的狮子山楚王墓,工艺精湛,晶莹剔透,璀璨夺目,散发出玻璃般的光泽,堪称玉雕艺术中的上乘之作。

玉佩运用透雕工艺,整体造型如玉璜,主体为盘曲对称的双龙,相互背向连接。器身装饰着象征丰收与富足的谷纹,龙身下则布满了变幻多姿的卷云纹。玉佩两端为对称的龙首,龙首微微昂起,回首相望,整体线条流畅,充满韵律感,展现出华贵而神秘的气质。

58

"五星出东方利中国"锦护膊是古代射箭时使用的护臂，出土于新疆和田地区民丰县尼雅遗址的汉代墓，其墓主人是西域精绝古国的贵族。锦护膊色彩斑斓、织工精细，是汉代织锦的珍品。它的发现不仅见证了古丝绸之路的畅通，更是东西方物质文化交流的重要体现。

锦护膊呈圆角长方形，以织锦为面料，四边镶有白绢，上下两侧各有三根绢带。其主体由瑰丽精美的图案纹样组成，这些图案以宝蓝、绛红、草绿、明黄和白色五种彩色经线，通过经线提花的方式织出。蓝色作为底色，星纹、云纹、灵禽瑞兽以及"五星出东方利中国"等纹饰和文字自右向左有序地展开，彼此相映成趣。"五星出东方利中国"的寓意是五颗行星出现在东方天空，是大吉之兆。

"五星出东方利中国"锦护膊

年代：汉（公元前206—公元220年）
馆藏：新疆维吾尔自治区博物馆

"熹平石经"残石

年代：东汉（公元 25—220 年）
馆藏：山东博物馆

59

熹平石经也称"一字石经"或"一体石经",共计46块,由书法家蔡邕采用标准的八分隶书体书写而成,始刻于汉灵帝熹平四年(公元175年),历时八年完成后,立于都城洛阳开阳门外太学门前,以供天下学子观摩学习。

熹平石经是中国历史上最早的官方儒家经本石刻,囊括了《诗》《书》《易》《仪礼》《春秋》《公羊传》《论语》等七部经典,作为校勘抄本的标准,有效地解决了经书传抄过程中出现的错漏问题。它也是中国书法史上集汉隶大成的杰出作品,相传东晋书法家王羲之研习书法时,曾临摹此石经。

60

瓦当是筒瓦头部下垂的部分，主要功能是保护檐头，其形状多为圆形或半圆形，表面常常装饰着精美的纹饰或文字，既具备实用功能，又有装饰功能。彩绘"关"字瓦当是汉代函谷关门楼上的建筑构件，呈圆形，瓦当正中书写着一个"關"字，字体遒劲有力。

函谷关是古代著名的关隘，初建于战国时期，曾是出入关中的重要门户。汉代时期，函谷关成为洛阳西去长安的要站，既是坚固的军事要塞，也是丝绸之路的重要节点，见证了丝绸之路的辉煌与沧桑。

彩绘"关"字瓦当

年代：汉（公元前206—公元220年）
馆藏：洛阳博物馆

击鼓说唱俑

年代：东汉（公元 25—220 年）
馆藏：中国国家博物馆

汉代盛行俳优表演，他们通过滑稽夸张的说唱表演来博得观众的欢笑。当时的俳优大多身材矮小，他们能说会道，技艺高超，有的擅长跳舞，有的善于表演杂技，可谓"全能艺人"。汉代墓葬中也出土了许多俳优陶俑。

这件击鼓说唱俑身材矮小、体态丰盈、表情诙谐、动作夸张，脸上洋溢着灿烂的笑容，眼睛眯成一条细缝，额头上挤满了深深的皱纹，手中握着圆鼓，脑袋向前探出，大肚皮显露无遗，硕大的脚丫子似乎即将伸到观众眼前，仿佛一瞬间就将人们带回了 2000 年前的表演现场，具有强烈的艺术感染力，被誉为"汉代第一俑"。

陶武士

年代：北魏（公元 386—534 年）
馆藏：中国国家博物馆

伍

魏晋风流 三国两晋南北朝

魏晋南北朝时期，中国战争频仍、政权变换频繁。魏、蜀、吴三国鼎立，英雄豪杰辈出；西晋短暂统一，东晋偏安江南，衣冠南渡；南北朝分裂与对立并存，中原文化和少数民族文化相互碰撞影响，民族融合进程加速。佛教传入中国并迅速融入华夏文明，文化艺术多元交融、繁荣昌盛。

62

　　宫廷乐舞人画像石出土于河南省安阳市曹操高陵，出土时已被砸碎，推测是曹操墓墓门的一部分。画像石中的乐师神态生动，衣带飘然若真，展现出高超的绘画技艺，生动再现了东汉时期的乐舞场景。

　　曹操是东汉末年杰出的政治家、军事家和诗人，智勇双全、雄才大略，是曹魏政权的奠基者。曹操崇尚俭朴，提倡薄葬，他在公元218年颁布的《终令》中要求将自己埋葬在瘠薄的土地上，地表不封土，陵墓前不立碑。

宫廷乐舞人画像石

年代：东汉晚期（3世纪早期）
馆藏：河南省文物考古研究院

陶院落

年代：三国·吴（公元 222—280 年）
馆藏：中国国家博物馆

63

陶院落是仿照三国时期合院式建筑制作的,布局对称且外观封闭。前方为厅堂,后方是正房,两侧设有厢房。院落四周有围墙,设有前后门,四角建有角屋。前门之上耸立着门楼,上面刻有"孙将军门楼也"六个大字。门楼与角屋共同承担着守护院落的重任。陶院落的设计与结构展现了三国时期的建筑风格与文化特色。

64

青石螭首出土于河北省临漳县邺城铜雀台遗址，铜雀台是曹操在邺城建造的著名台式建筑之一，与金凤台、冰井台并称为三大名台。

青石螭首由青石雕刻而成，作为台基顶部围栏下部的建筑构件，主要作用是装饰，象征着权力和威仪。前端为微微上扬的螭首，雕刻精细，造型夸张；后端稍显粗糙，仍保留着包砖的痕迹。整件青石螭首展示了三国时期高超的雕刻技艺和独特的艺术风格。

青石螭首

年代：三国（公元 220—280 年）
馆藏：中国社会科学院

青釉堆塑楼阁人物鸟兽谷仓罐

年代：三国（公元 220—280 年）

馆藏：故宫博物院

65

青釉堆塑楼阁人物鸟兽谷仓罐是三国东吴和西晋时期长江下游地区常见的丧葬明器,用于盛放谷粮。雕饰百鸟争食、欢庆丰收、牲畜满栏等题材,展现五谷丰登的场景,表达人们对亲人在另一个世界能够丰衣足食的美好愿望。

这件谷仓罐分为上下两部分。上部堆塑着丰富的元素,中间耸立三层崇楼,两只狗分立两旁,上方为鸟雀与小鼠。两侧各立亭阙,侍仆在其中演奏乐器。顶部为五连罐,中间的大罐中爬出一只活泼的老鼠,四周绕着四只小罐,上面栖息着雀鸟。下部则是青瓷罐形,罐肩上龟驮立碑,碑上刻有24字的吉祥语,周围雕刻有人物、猪、龟、鱼等形象,以及精美的纹饰和字样。整个谷仓罐既具有实用性,又充满了艺术美感。

66

　　金龙形项饰由纯金精细打造，龙身巧妙运用了金丝编织成绞索式管状空腔，形似龙鳞层层叠叠、交错有致。两端龙头栩栩如生，由金片精心卷曲而成，龙头配备金环，可以相互衔接。龙目、鼻、耳通过精细的金珠勾勒出轮廓，龙角则以金丝缠绕塑形，整体造型精美绝伦，堪称巧夺天工。

　　项链上还附有两把梳子，以及两盾、两戟、一钺五种兵器模型，并雕刻有圆圈纹和鱼子纹。此类项饰亦被称为"五兵佩"，是魏晋南北朝时期的流行饰品，常佩戴于胸前，样式与璎珞相似。

金龙形项饰

年代：魏晋时期（公元 220—420 年）
馆藏：内蒙古博物院

驿使图画像砖（复制品）

年代：魏晋时期（公元 220—420 年）
馆藏：甘肃省博物馆

67

驿使图画像砖于 1972 年在嘉峪关新城魏晋墓葬群中出土,它是目前我国最早的驿站实物证明,也是甘肃省博物馆的镇馆之宝。它是中国古代绘画艺术佳作,具有极高的历史和艺术价值。

该画像砖以米色为底,黑色轮廓线,寥寥几笔生动描绘了驿使跃马疾驰的画面。驿使头戴黑帻,身穿皂缘领袖中衣,左手持着通关驿站时的信物——棨传文书。驿马四蹄腾空,疾驰在道路上,形象生动传神。整块画像砖画风简洁明快、细腻入微、生动传神,再现了 1600 多年前驿使驰送文书的场景。

68

魏晋南北朝时期，中国瓷器烧造技术进一步发展与成熟，青瓷为当时的主流品种。这件青釉瓷瓶腹部圆鼓，呈现出优美的球形轮廓，上部环绕着一圈凸起的弦纹，下部刻画着精美的凤鸟纹和铺首形纹样，彰显出强烈的艺术美感。

瓷瓶的上方，跪坐着一位大眼阔鼻的胡人形象，手中托着一个圆形器物，头部佩戴着网格状发箍，上方长瓶颈仿佛是一顶充满异域风情的高帽。这件瓷瓶巧妙地融合了东方元素与异域情调，设计独特、工艺精湛，展现了当时瓷器烧造技术水平。

青釉人物瓷瓶

年代：西晋（公元 265—317 年）
馆藏：中国考古博物馆

金花树式步摇冠

年代：西晋（公元 265—317 年）
馆藏：辽宁省博物馆

步摇又称珠松、簧,步摇上方垂有珠饰,佩戴者行走时珠饰会随步伐轻轻摇颤,得名"步摇"。两晋南北朝时期,步摇冠常以草原上常见的马、鹿为设计主题,通常使用黄金打造细枝,并系上桃形金叶,这是鲜卑等北方游牧民族特有的冠饰,男女均可佩戴。

这件金花树式步摇冠设计独特,长枝短枝错落有致,每条金枝上巧妙地缀有四五个小巧的圆环,圆环内镶嵌着金光闪耀的桃形叶。花树的基座雕刻着精美的云纹,四周还环绕着一圈针孔。整棵花树形态逼真,枝叶繁茂,既尊贵奢华又精巧细致。

70

这双彩色丝履由麻和丝编织而成。鞋底和内部选用麻线进行编织,而鞋面则巧妙地运用了绛红、退红、墨绿、海蓝、橘黄、烟色、白、黑共八种彩色丝线进行编织。两组彩色丝线与一组垂直的丝线相互绞编形成精美的纹样,是一种非常复杂的显花技术。

鞋面上织有茱萸花、对鸟、对兽等精美的图案,还巧妙地织入了"富且昌""宜侯王""天延命长"等十个寓意吉祥的汉字。这双彩色丝履保存得相当完好,色彩依旧鲜艳如初,展示了当时丝织技术的高超水平。

彩色丝履

年代：东晋（公元 317—420 年）
馆藏：新疆维吾尔自治区博物馆

鎏金银壶

年代：北周（公元 557—581 年）
馆藏：宁夏固原博物馆

71

鎏金银壶壶嘴形状犹如鸭嘴,壶身上部纤细精致、下部圆润饱满,单把两端铸有兽头,壶把上方铸有一个深目高鼻、戴盔帽且面向壶口的人头形象。壶身颈、腹、底座边缘相连之处,装饰着一周精美的连珠纹。壶腹部刻有三组图像,生动地描绘了古希腊神话中特洛伊战争的故事,包括"帕里斯裁决""劫掠海伦""海伦归来"等精彩场景。

这把鎏金银壶是古代波斯萨珊王朝的手工艺品,它集锻錾、雕刻、锤揲、镶嵌、鎏金、铸造、焊接等多种技术于一体,工艺精湛绝伦,造型优美典雅。北周时期固原被称为原州,是丝绸之路东段北道的重要中心,这把鎏金银壶连接了希腊文明、波斯文明和中华文明,是丝绸之路历史与文化的见证者。

72

壶身通体施黄釉,扁腹梨形造型优美,椭圆形口,配以矮小的圈足。壶腹两面模印着相同的图案,中央站立着一位胡人,长衣束腰,足蹬长靴,两侧各有一只卷毛狮子蹲坐,狮背后各有一位艺人正在舞球。壶身两侧浮雕象头图案,象鼻内侧垂挂连珠纹延伸至壶底。壶颈部装饰云纹,口边缘与底座周围为连珠纹和叠带纹。

壶上的连珠纹边框等元素为典型波斯艺术风格,狮子是通过丝绸之路传入中国,被视作"祥瑞之兽",这些元素和胡人形象相结合,体现了当时不同文化之间的交流与融合,展现了中华民族多元文化的丰富内涵与独特魅力。

黄釉胡人双狮纹扁壶

年代：北齐（公元 550—577 年）
馆藏：山西博物院

镶嵌红宝石面具

年代：北朝（公元 386—581 年）
馆藏：伊犁哈萨克自治州博物馆

73

这件奢华的红宝石金面具出土于新疆维吾尔自治区伊犁昭苏县波马古墓，制作工艺精细，通过锤揲金片打制而成，大小与真人脸型相仿，翘着八字胡须，浓眉大眼，神情严肃，眼睛由两颗圆形红宝石精心镶嵌而成，两侧络腮胡须由长长的金饰条制成，左侧镶嵌了 19 颗心形红宝石，右侧镶嵌了 20 颗，尽显华美尊贵。

74

铠马是古代披挂铠甲的战马,与骑兵协同作战。人甲和马甲合称甲骑具装,是魏晋南北朝时期兴起的古代重装骑兵防护装具。马甲一般由面帘、鸡颈、当胸、马身甲、搭后、寄生六个部分组成。

这匹站立的铠马以白、黑、红彩绘成精美图案,马甲六部分一应俱全,铠甲为黑色鱼鳞甲片,中间涂红点象征甲片间联缀,马背设高桥鞍,其后为"寄生"插座,两侧有黑彩扁圆形马镫,马尾部甲片自然下垂,整体生动逼真,威风凛凛。

铠马

年代：十六国（公元304—439年）
馆藏：西安市文物保护考古研究院

嵌宝石金戒指

年代：北魏（公元 386—534 年）
馆藏：洛阳博物馆

75

嵌宝石金戒指由黄金戒指环、戒托和蓝宝石戒面组成。戒托为凸起的椭圆形，周围镶嵌 60 个圆珠组成联珠花边，内侧一圈素面金边托着蓝宝石戒面。蓝宝石呈灰蓝色，椭圆形，中央阴刻着精细的人物图案，他头戴盔形帽，高鼻大嘴，手舞足蹈，仿佛正在欢快地起舞。

这枚金戒指具有极其浓郁的异域风情。

76

这件南北朝木舞俑通过黑彩描绘出一位女子舞者的五官和服饰,舞者身材纤细,头上挽着高高的发髻,身着束腰长衣,衣袖宽大飘逸。左手高举,右手自然下垂,身体微微向右倾斜,正在翩翩起舞。

此俑风格简朴,但形神兼备,细腻入微。舞者的腰姿和衣袖展现出的"绕身若环""柔若无骨"的动感和神韵,生动逼真,活灵活现,历经千年而魅力不减。

南北朝木舞俑

年代：南北朝（公元 420—589 年）
馆藏：青海省博物馆

红地共命鸟龙凤卷草纹刺绣覆面

年代：东晋至北朝（公元 317—581 年）
馆藏：吐鲁番博物馆

77

这是一种类似棉背心的古代服饰,称作绣裆。整体呈红色,前半部分则以蓝、绿、黄、黑等多种颜色的丝线在红色绢底上刺绣出精美的图案。上方绣有五座倒立的山峰,林木葱茏。中央是一只两头一体的神鸟——共命鸟,两侧各绣有一只游龙。下方绣有卷草纹以及两只鸟,一只鸟昂首啼鸣,另一只则低头觅食。

共命鸟是佛教艺术中常见的形象:两只鸟头共用一个身体,但头脑各自独立,象征着个体与整体休戚与共、血脉相连的关系。这件刺绣工艺精湛,画面丰富且生动有趣,不仅是一件精美的艺术品,更是古代丝绸之路文化和佛教艺术的珍贵见证。

78

　　北凉石塔,也称石经幢,是中国已知时代最早的佛教古塔实例,共计14座。这些石塔的造型大体相同,主要由八角形塔基、圆柱形塔身,以及覆钵形塔肩等部分组成。其做工精巧,雕刻细腻,为典型圆锥形犍陀罗艺术风格。

　　石塔上雕刻着佛像、菩萨像,以及刻经等佛教元素,同时也融入了八卦符号等中国传统文化元素,反映了佛教在中华大地的传播与融合,是佛教艺术和东方文化艺术相结合的杰出作品。

北凉石塔

年代：北凉（公元 397—439 年）
馆藏：敦煌市博物馆

鎏金兽面纹衔环铜铺首

年代：北朝（公元 386—581 年）
馆藏：河北博物院

79

铺首是大门上衔接门环的底座,用于叩门和开关门,通常以铜制成,其形状多为兽面,如龙、虎、龟、蛇等。铺首不仅具备实用与装饰的功能,还被赋予避邪、祈福等多重寓意。

这件鎏金兽面纹衔环铜铺首为圆形片状,通体采用鎏金工艺打造,表面浮雕出兽首形象,卷毛高鼻,怒目圆睁,口衔门环,凶猛威严。

80

北朝考古博物馆馆藏着东魏、北齐等时期的陶俑,数量众多,造型生动,被誉为"小兵马俑",它们如同一扇开启历史时光的窗口,让我们通过实物得以窥见北朝时期丰富的军事装备、服饰文化以及社会生活面貌。

这件持盾俑身穿铠甲及裹腿裙,左手持盾牌,右手下垂作持握状,横眉立目,形象威武。

持盾俑

年代：东魏（公元 534—550 年）
馆藏：北朝考古博物馆

贴金彩绘石雕佛三尊立像

年代：东魏至北齐（公元 534—577 年）
馆藏：青州博物馆

81

青州博物馆因其丰富的佛教造像而闻名于世,这些佛像雕刻技法涵盖线刻、浮雕、透雕和平雕等多种形式,采用贴金和彩绘等装饰工艺,展现出精湛的技艺和高超的艺术水准,它的三大镇馆之宝被誉为"改写东方艺术"的代表作,体现了东方佛教文化、雕刻艺术及传统文化的深厚底蕴和历史脉络。

贴金彩绘石雕佛三尊立像于1996年在山东省青州市龙兴寺遗址出土。这尊佛像为高浮雕背屏式,主体部分包括主尊佛像以及两名胁侍佛像,周围环绕着六身飞天的形象,其中二身托塔,四身在演奏乐器。整尊佛像既庄重又富有动感,堪称佛教艺术之瑰宝。

鎏金铁芯铜龙

年代：唐（公元 618—907 年）
馆藏：陕西历史博物馆

陆

盛世长歌 隋唐五代

隋唐五代时期政治统一与分裂并存，经济迅速发展，文化艺术高度繁荣，诗歌、绘画、书法、音乐、科技都取得了辉煌的成就，对外交流日益频繁，民族融合进一步加强，丝绸之路盛极一时，对外贸易繁荣兴旺。长安城以其宏大多元、包容开放而闻名于世，成为东亚文明的中心。贞观之治、开元盛世等盛世图景至今仍令人神往。

82

这件透影白瓷杯于 2009 年 2 月出土于西安市南郊长安区韩家湾村隋苏统师墓。壁薄如纸,壁厚约 1 毫米,口沿最薄处仅为 0.8 毫米,釉色均匀,透光见影,在灯光下呈现出半透明的梦幻效果。其精湛的工艺,展现了隋代瓷器制作的巅峰水平。

透影白瓷杯的胎和釉如玻璃般融为一体,其奥秘可能来自含铁量低的高岭土,以及胎和釉中加入的钾长石。高温烧制冷却后,长石熔融形成透明玻璃体,光泽与透光效果绝佳。

透影白瓷杯

年代：隋大业四年（公元608年）
馆藏：陕西考古博物馆

灰陶四神画像砖

年代：隋（公元581—618年）
馆藏：武汉博物馆

四神，又称四灵，指青龙、白虎、朱雀和玄武这四种神兽纹饰。它们分别代表东、西、南、北四个方向，并对应春、秋、夏、冬四个季节，寓意着祛邪、避灾和祈福。在汉代，四神被广泛用作瓦当、铜镜以及墓葬的装饰元素，并一直流行至初唐时期。

这件画像砖采用浮雕印模工艺制作，四神形象各自独立，栩栩如生，青龙与白虎画像砖为长条形，它们昂首卷尾，正在疾驰。朱雀与玄武画像砖为正方形，朱雀展翅欲飞，玄武则龟蛇相绕相望。四块画像砖造型生动，刻画细腻，风格简练，充满了神秘而庄严的气息。

84

飞天是佛教艺术中飞舞于天空的神祇形象，原型来自印度神话中的乾闼婆和紧那罗，即"天乐神"和"天歌神"。在中国古代的石刻和壁画中，飞天形象既有美丽的女子，也有男子和童子。他们挥舞着衣裙和飘带，在天空之上翩翩起舞，神秘而飘逸，被誉为"中国艺术家最天才的创作"。

伎乐飞天指那些手持乐器在天空中飞翔的飞天形象。这件伎乐飞天壁画出土于麦积山石窟第78窟，颜色鲜艳，光亮如新，上下各有一位伎乐飞天形象。上方飞天正在飞翔，下方飞天在奏乐。他们衣带飘飘，充满仙气，身着服饰色彩亮丽，有蓝、绿、红等颜色。

伎乐飞天壁画

年代：隋（公元 581—618 年）
馆藏：麦积山石窟艺术研究所

胡人吃饼骑驼俑

年代：隋（公元 581—618 年）
馆藏：山西博物院

85

  高大的骆驼昂首嘶鸣，一位头戴圆毡帽、浓眉深目的胡人骑于骆驼之上，左腿平伸，右腿弯曲，左手紧握着缰绳，右手则抓着一块饼边走边吃。这种饼原名为"馕"，是一种能够存放很久的食物，传入中国后，人们称它为"胡饼"。骆驼的双峰间载着丝绢、皮囊等货物，皮囊端头还饰有威武的虎头图案。

  这件骑驼俑采用红陶模制并加以彩绘制作而成，比例夸张，骆驼高大健壮，胡人迷你有趣，风尘仆仆，形象活泼生动，被网友戏称为"最可爱的文物"。

86

双龙柄尊通常颈部修长纤细，腹部圆鼓饱满，从口沿至颈部设计为龙形柄，左右两侧对称分布为龙形耳，龙口衔住口沿，兼具实用价值与审美意蕴。此类器型多见于隋朝末期至盛唐时期。

这件青釉双龙柄尊，胎体匀称致密，青釉色泽柔和，颈部装饰数圈凸起弦纹，肩部两侧各有一条龙形柄，龙头向内探望，线条流畅自然。

青釉双龙柄尊

年代：隋（公元 581—618 年）
馆藏：天水市博物馆

镶金兽首玛瑙杯

年代：唐（公元 618 —907 年）
馆藏：陕西历史博物馆

87

镶金兽首玛瑙杯于 1970 年在陕西省西安市南郊何家村出土，由整块五彩缠丝玛瑙雕琢制成，"依色取巧，随形变化"，它不仅是目前发现的唐代唯一的俏色玉雕，更是材质珍稀、工艺无出其右的国宝级文物。

杯身造型匠心独运，为兽角状"来通杯"，前端为瞪着大眼的牛头，口鼻部镶有金帽，实为方便拆卸的塞子，可以倒出酒液。头上有两只羚羊角螺旋延伸至杯口，口沿下饰有两条圆凸弦，设计精妙、巧夺天工、生动自然，是唐代玉雕艺术的巅峰之作、中西方文化交流的重要见证。

88

三彩釉陶载乐骆驼于 1957 年在陕西省西安市鲜于庭诲墓出土，高高的骆驼背上构建了一个流动的舞台，一支五人乐团正在表演。他们中既有汉人也有胡人，中间的胡人正在欢快地跳舞，其余四人身穿蓝色、橙色、绿色的衣服围坐在四周演奏乐器。其中一人正在演奏琵琶，其他人的乐器已遗失。据推测一人可能在吹奏觱篥（bì lì），另外两人在打鼓。

这尊骆驼造型优美，色彩鲜明，堪称唐三彩的代表作。骆驼背上集乐舞、杂技和马戏于一体的"百戏"表演，深受唐朝人们的喜爱。骆驼高达 2 米且背上没有围栏，表演难度极高，富有观赏性，令人叹为观止。

三彩釉陶载乐骆驼

年代：唐（公元618—907年）
馆藏：中国国家博物馆

三彩狩猎纹凤首执壶

年代：唐（公元618—907年）
馆藏：陕西唐三彩艺术博物馆

这件凤首壶的口部为凤首造型，怒目圆睁，口中含着一颗圆珠，可能象征着长生仙丹。壶柄为如意状，从凤首后部优雅地延伸至肩部。

整器仅运用蓝、褐两种色釉，却绘制出了内容丰富的图案。壶腹一侧为骑马狩猎图，一人骑在骏马上，张弓回首，神态专注，四周花草环绕。另一侧为一只脚踏仰莲的凤鸟，展翅站立，栩栩如生，四周同样布满花草图案。

90

这件三彩瓶造型为两条相合的鱼，寓意着连年有余、和谐美满。鱼口共用为瓶口，鱼尾作为瓶底，鱼脊则化为双系，各带一小孔，方便系绳悬挂。鱼目黑亮生辉，鱼身鳞片刻画得细致入微。瓶身绿、黄、褐三种色釉相互交织，鲜艳亮丽，色彩间相互浸润，形成斑驳绚烂的效果，充分展现了唐三彩艺术的杰出成就和独特魅力。

唐三彩陶双鱼瓶

年代：唐（公元 618—907 年）
馆藏：南京博物院

摩羯纹金花银提梁壶

年代：唐（公元 618—907 年）
馆藏：内蒙古博物院

摩羯最初是印度神话中水神的坐骑，是河水之精，有吞噬一切烦恼的神奇本领。摩羯拥有鱼的身体，头和前肢却像羚羊，既能在水中游荡，也能在陆地上奔跑。

摩羯形象大约在魏晋南北朝时期随着佛教传入中国并融合了中国本土文化的想象，龙头鱼身，长着翅膀。这件摩羯纹金花银提梁壶造型典雅优美，壶身呈椭圆形，其上錾刻着一对摩羯形象，它们双腹相接，紧紧相依，宛如在水波中畅游。摩羯的头部、鳃部、鳍尾及鳞片都刻画得精细入微，线条流畅自然，壶身鎏金，更显华丽非凡。

92

贞观之治是中国古代著名的太平盛世。贞观是唐太宗李世民的年号,他在位期间,实现了生产的繁荣发展、经济的兴旺昌盛、政治的清明廉洁、社会的安定和谐、文化教育的蓬勃发展、民族的和谐融洽,以及国力的强盛壮大,堪称中国历史上的一个黄金时期。

《贞观政要》是一部详尽记录唐太宗李世民政绩,以及君臣探讨政治、奏疏及治国理政思想与措施的历史文献。其内容涵盖君道、政体、任贤、纳谏、君臣鉴戒等多个方面。该书由唐代史学家吴兢编纂,大约成书于唐玄宗开元年间(公元713—741年)。

《贞观政要》十卷「王氏勤有堂刻本」

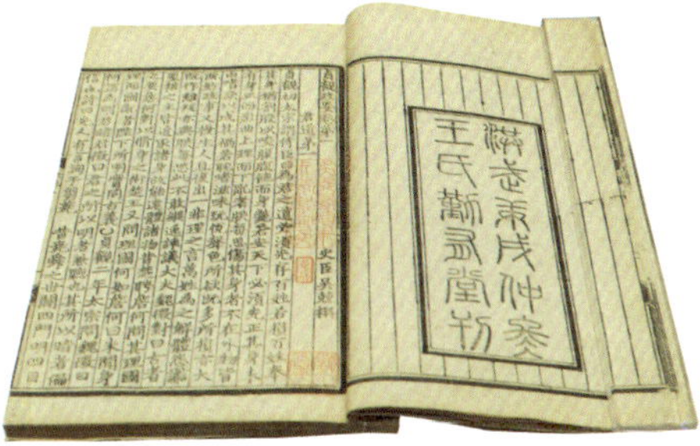

年代：明洪武三年（公元1370年）
馆藏：国家图书馆

阎立本《步辇图》卷(局部)

年代:唐(公元618—907年)
馆藏:故宫博物院

唐太宗对少数民族政策开明，受北方民族尊敬，尊其为"天可汗"。唐贞观十四年（公元640年），吐蕃赞普松赞干布派禄东赞向大唐求婚。唐太宗同意将文成公主许配给松赞干布，641年春公主入藏。画作《步辇图》展现的场景为唐太宗李世民和禄东赞的一次会面。

《步辇图》的作者是唐代著名书画家阎立本，曾任右相，擅长绘制历史人物画，多次为唐太宗及众多功臣画像，其传世佳作包括《步辇图》和《历代帝王图》等。《步辇图》的构图疏密得当，张弛有度，人物比例大小对比显著，突出了中心人物唐太宗李世民。绘画笔法精细，黄色与红色尤为鲜明，展现出极佳的视觉美感，在人物表情的刻画上生动逼真，传神入微。

94

胡旋舞是唐代极为流行的舞蹈，源自西域康国，大约在南北朝时期传入中原。这种舞蹈以其欢快的节奏和舞者快速多圈旋转的特点而著称。舞蹈通常以鼓声伴奏，深受唐人喜爱。

石刻胡旋舞墓门于 1985 年在宁夏盐池县出土，该墓门由两扇雕刻有胡旋舞图案的石门构成。每扇门的四周饰有精美的云纹，正中雕刻着一位站在圆毯上的男舞者形象，他们身材高大、体态健美，身穿窄袖衫、紧腿裙，足蹬长筒靴，手持长巾，正在表演胡旋舞，舞姿奔放而又不失生动自然，展现了胡旋舞的韵味，是一件极其珍贵的国宝级文物。

石刻胡旋舞墓门

年代：唐（公元 618—907 年）
馆藏：宁夏回族自治区博物馆

瑞兽葡萄纹铜镜

年代：唐（公元 618—907 年）
馆藏：陕西历史博物馆

瑞兽葡萄纹铜镜是唐代典型的铜镜种类,通常在铜镜背面采用高浮雕工艺雕刻各种形态的瑞兽和葡萄枝蔓图案,流行于唐高宗、武则天,以及唐玄宗开元时期。瑞兽的原型来源于西域的狮子,寓意着吉祥辟邪;葡萄同样为外来品种,象征着多子多福、富贵吉祥,藤叶象征着长寿。这些外来元素与中国传统文化相融合,形成了独具特色的铜镜,制作技艺精湛,纹饰别具一格,被誉为"凝结欧亚大陆文明之镜"。

这件铜镜内区正中端坐着一只瑞兽,周围有七只形态各异的瑞兽匍匐在葡萄枝蔓之间。外区葡萄枝蔓交错,果实累累,飞禽蜂蝶穿梭在枝蔓之间,形成了一幅美丽的画卷。

96

唐朝皇宫里流行舞马表演，也称"蹀马之戏"。唐玄宗天宝年间（公元742—756年），每当皇帝过生日，都会在兴庆宫勤政务本楼前举办"千秋节"宴会，宴会上有上百匹舞马随着音乐节拍奋首鼓尾，表演各种动作，当表演达到高潮之时，领头的舞马还会衔起酒杯为皇帝祝寿。

鎏金舞马衔杯纹银壶是仿北方游牧民族的皮囊壶制作而成的盛酒器，采用捶、焊接、鎏金等多种工艺制成，其工艺精湛、风格独特。壶身两侧各有一匹鎏金骏马，正在衔杯匍拜，姿态生动，仿佛跃然于眼前，是舞马衔杯祝寿盛景的生动再现。

鎏金舞马衔杯纹银壶

年代：唐（公元 618—907 年）
馆藏：陕西历史博物馆

三彩腾空马

年代：唐（公元 618—907 年）
馆藏：西安博物院

三彩腾空马是西安博物院的"网红"文物、镇馆之宝，由骑马俑和马两部分组成。骑马俑是位胡人少年，圆脸面带微笑，发式别致，中分而梳，两耳旁各梳一个发髻。身穿蓝色长袍，腰间系革带、挎袋囊，脚蹬尖头靴，正在驱马疾驰。

座下骏马姿态矫健，腾空跃起，通体施黄釉，间有白斑纹，马鞍上有白、绿、黄三色相间的袋囊，马鞍下垫有深褐色障泥。人马相伴飞驰，生动展现了丝绸之路上胡人逐梦前行的历史画面，散发着独特的魅力。

98

唐代书法艺术承前启后、变革创新，楷书、行书、草书等各类书体蓬勃发展，是中国书法的黄金时期，涌现出欧阳询、褚遂良、颜真卿、柳公权、张旭和怀素等著名书法家，他们的书法作品各具特色，蔚为大观，形成"欧体""褚体""颜体""柳体"等多个书法流派，对后世书法的发展产生了深远的影响。

颜真卿是盛唐时期的书法大家，其楷书风格气势磅礴、雄伟刚劲，行草遒劲有力、纵横跌宕，人称"颜体"。《麻姑仙坛记》由颜真卿撰文并书写，主要记述了麻姑得道的事迹，以及道士邓紫阳奏请唐玄宗建庙等内容。作品结构开阔，字体苍劲古朴，是颜真卿中楷杰作。传世拓本有大、中、小字本之分，其中大字本最能体现原碑的神韵。此拓本残损较少，字口清晰，是"大字麻姑"宋拓中极为珍贵的一件。

暫来有項信還但聞其語不見所使人

曰麻姑再拜不見忽已五百餘年尊卑

宋拓唐大字《麻姑仙坛记》册

年代：宋（公元960—1279年）
馆藏：香港中文大学文物馆

金质龙纹马鞍饰

年代：唐（公元 618—907 年）
馆藏：青海省文物考古研究院

99

金质龙纹马鞍饰极为精细且奢华,表面锤揲出多种动植物纹样,右侧主体为一尊立龙形象。龙体修长而优雅,头部、耳朵和毛发均清晰可见,细腻入微。龙首之上挺立着一根单叉状角,充满力量感。龙口微张,仿佛正在吞吐着祥瑞的云气,展现出一种神秘而威严的气势。

龙的四肢灵动地飞舞,前肢处生长出一对羽翼,根部为独特的涡纹状设计,充满艺术美感。龙的造型不仅展现出中原龙的神韵,还巧妙地融入了高原元素,充满浓厚的文化底蕴和艺术魅力,是一件难得的工艺珍品。

100

宦官是指古代皇宫中侍奉皇帝及其家族成员的奴仆。唐代宦官势力极其庞大,地位高贵且权势滔天,有时甚至能决定皇帝更替。在唐代宗时期,宦官李辅国曾出任过宰相这一要职。

这位侍立的宦官俑头戴帷帽,手持笏板,双手自然地拢在衣袖中,面部呈噘嘴状,形象十分生动有趣。笏板是古代朝臣用来记录皇帝的命令或书写上奏的章疏内容,后逐渐演变成礼节性用品。自唐武德四年(公元621年)起,笏板开始有了等级之分,五品以上的官员执象牙笏板,六品以下的官员则执竹木笏板。

执笏宦官俑

年代：唐（公元618—907年）
馆藏：陇县博物馆

五瓣葵口大内凹底秘色瓷碟

年代：唐（公元 618—907 年）
馆藏：法门寺博物馆

101

秘色瓷是越窑青瓷中的精品，也是越窑秘瓷，是专为皇室烧制的瓷器，曾一度失传。其胎质纯净坚密，釉层均匀莹润，釉色以青绿色或黄色为主，同时也存在少量带有青黄釉色，以及加银扣或金银装饰的珍品。

五瓣葵口大内凹底秘色瓷碟是法门寺博物馆的珍品，瓷碟整体造型如一张荷叶，晶莹清澈，如冰似玉。在光照之下观看，宛如盛有清水在其中轻轻荡漾，这或许就是传说中的"无中生水"技艺的展现。

102

马球起源于波斯，是一种骑在马背上用杆击球的竞技运动，也被称为"波斯球"或"波罗球"。这项运动经由西域传入中国后，在唐朝极为盛行，深受皇帝和贵族青睐，随后风靡全国，成为唐朝的"国球"，甚至还成为官兵日常训练的内容。当时的马球是由木料挖空制作而成，大小与拳头相仿，外表则涂上红漆或绘有彩色花纹作为装饰。

彩绘打马球俑骑在一匹矫健的骏马上，身穿绿色翻领窄袖衣，腰间束带，下身着红色马裤，脚蹬黑色皮靴。陶俑左手紧拽缰绳，右手正挥杆击球，造型栩栩如生，动作娴熟流畅，生动地反映了古代马球运动的激烈对抗与惊险刺激。

彩绘打马球俑

年代：唐（公元618—907年）
馆藏：陕西历史博物馆

青玉土浸七梁冠

年代：唐（公元 618—907 年）
馆藏：北京大运河博物馆

103

七梁冠是中国古代重要的冠饰,因其冠顶有七道梁而得名,它不仅是束发的工具,更是身份和地位的象征。这顶冠由青玉雕琢而成,局部呈现出优雅的姜黄色。冠顶雕琢七道梁,冠口略呈凹形,两侧为卷云状,正面下方设有一圆孔,白玉圆簪贯通其中,整顶冠饰古朴典雅、雍容华贵。

104

在唐代贵族墓葬中,随葬品丰富多样,其中包括大量击鼓俑、拍击乐器俑,以及吹奏乐器俑等,生动地再现了贵族出行的盛大场面。这件骑马乐俑头戴白色风帽,身着紧身束腰的长袍,脚下蹬着一双短靴,显得英姿飒爽。马鞍的左侧悬挂着一面棕黄色的小圆鼓,乐俑抬起手,仿佛正在稳健有力地击鼓,神情生动传神,动作流畅自然。

三彩骑马乐俑

年代：唐（公元618—907年）
馆藏：河南博物院

波斯孔雀蓝釉陶瓶

年代：五代（公元 907—960 年）
馆藏：福建博物院

105

晚唐五代时期,海外贸易逐渐兴起,众多波斯陶器通过"海上丝绸之路"传入中国。五代闽国时期,福州地区开设了"甘棠港",海外贸易日益繁荣。这件波斯孔雀蓝釉陶瓶是这一时期福州与波斯、阿拉伯之间贸易往来的有力物证。

这件陶瓶造型别致,形似竖立的橄榄,可能作为盛油器皿使用,其表面所施的孔雀蓝釉,属低温釉种,源自古代波斯地区。釉质晶莹剔透,色彩呈现蓝绿或蓝色,宛如大海的颜色,洋溢着浓郁的异域风情。陶瓶是一件极为珍贵的文物,堪称福建博物院的"镇馆之宝"。

106

倒灌壶，又称倒装壶，五代、北宋时期流行的样式。这种壶设计精巧，造型独特，注入口开在壶底，"反其道而行之"，因此而得名。

此壶身润饱满，提梁为伏凤式，翩然欲飞，尽显灵动。壶通体施青釉，色泽温润如玉，壶腹部精心雕饰三朵盛开的牡丹，下有莲花瓣，壶盖和壶身衔接处有一对母子狮，母狮张开的大口为壶的流，底部中心有梅花形注水孔。整器精妙奇巧，既实用又美观。

青瓷提梁倒灌壶

年代：五代（公元 907—960 年）
馆藏：陕西历史博物馆

彩绘浮雕《散乐图》、彩绘浮雕《奉侍图》

年代：五代（公元907—960年）
馆藏：河北博物院

107

彩绘浮雕《散乐图》《奉侍图》出土于河北省曲阳县灵山镇西燕川村王处直墓,是河北博物院的"明星文物",生动地再现了唐末五代时期繁荣的乐舞活动,细腻地描绘了当时贵族生活的场景。

《散乐图》中共有15个人物,右方领队的女子为乐队指挥,身穿男装,头戴幞头,身边的两位舞者正在翩然起舞,其余12名乐伎头梳高髻、身着长裙,肩部披帛,分持琵琶、笙、箜篌、筚篥、横笛等乐器演奏,姿态多样,形象生动。

《奉侍图》共计14人,侍女排列成3队,长裙坠地,手执障扇、托盏、拂尘等各式生活用具,动感飘逸。

汝窑淡天青釉盘

年代：北宋（公元960—1127年）
馆藏：故宫博物院

柒

多元并存　辽宋夏金元

辽宋夏金元时期，多民族政权先后并立，多元文化交融，经济发展与社会矛盾并存，逐步走向国家统一与民族大融合。在这个历史时期，经济重心逐渐南移，城市日益发达，商业繁荣昌盛，市民生活丰富多彩。宋词、元曲等文学形式兴起，活字印刷术、指南针等科技发明推动了文化传播和航海技术的发展，海上贸易蓬勃发展。其中，宋代是中国历史上文化繁荣的时代，物质文明和精神文明均达到了前所未有的高度。

108

洛阳在中国历史上多次作为都城。北宋建立初期,以开封府(今河南开封)为东京,河南府(今河南洛阳)为西京。西京的宫城继承自隋唐洛阳城宫城,名为"紫微城",其殿宇、庭院、花园、池塘各具特色。

这件龙形脊饰出土于河南洛阳东城宋园遗址,是西京皇家官式建筑专用的大型高规格建筑构件。它不仅是建筑装饰的一部分,还具有避火灾、调风雨等象征寓意。该脊饰展示了北宋时期建筑艺术的精湛技艺,反映了当时皇宫的繁华景象,具有重要的历史和文化价值。

龙形脊饰

年代：北宋（公元 960—1127 年）
馆藏：中国考古博物馆

蹴鞠纹青铜镜

年代：宋（公元 960—1279 年）
馆藏：中国国家博物馆

蹴鞠是中国古代风靡一时的运动。其中,"蹴"意为"踢","鞠"指用皮子缝制的球。早在战国时期,蹴鞠就已出现,到了宋代,它的制作工艺更加成熟,不仅皇家贵族热衷于这项运动,寻常百姓也乐此不疲,就连女子也钟爱蹴鞠,使其成为一项真正意义上的"国民运动"。

这面铜镜的背面生动地展现了一场男女共同蹴鞠游戏的场景:一位女子,发髻高挽,正全神贯注地踢球,而对面的男子则戴着幞头,摆出防守的姿势,他们的动作矫健而敏捷,跃然镜上。两侧各有一位观众,似乎也被这场精彩的比赛所吸引。整个画面充满了生活气息,展现了人们休闲娱乐的生动场景。

110

龙纹玉杖首由青玉雕刻而成，质地纯正，气韵生动。龙首双角突出，龙口含珠，眉眼唇须雕刻得细腻入微，火焰纹、鳞纹、鬣毛等装饰清晰可见，华丽精美，尊贵威严。

龙纹玉杖首为传世孤品，融合了镂雕、浅浮雕，以及细阴线等雕刻技法，工艺精湛，造型浑厚。龙首颈部为管状，并设有三孔，推测此器可能是宋代宫廷车舆座椅上的端首。

龙纹玉杖首

年代：宋（公元 960—1279 年）
馆藏：天津博物馆

《瑞鹤图》（局部）

年代：北宋（公元960—1127年）
馆藏：辽宁省博物馆

1112

公元 1112 年正月十六，北宋皇宫宣德门上方，一群仙鹤翩然飞来。宋徽宗赵佶认为仙鹤降临皇宫是祥瑞之兆，于是挥毫泼墨，创作了《瑞鹤图》。画作左侧，是宋徽宗亲笔书写的题记与诗文，右侧描绘了宣德门主楼及其两侧朵楼的屋顶上，祥云缭绕、仙鹤翩翩起舞的壮丽景象。

这件作品书画并举，将绘画、题记与诗文完美地结合在一起，相互映衬，在构图、色彩运用，以及意象寓意等方面展现出极高的艺术价值，构成了诗、书、画三绝的杰作，不仅成为宋徽宗赵佶的代表作，更是中国古代绘画中的经典之作。

112

宋徽宗赵佶研习唐代名家书法,自创"瘦金体",字形狭长瘦削,结构独特,笔画刚劲有力,犹如铁画银钩,给人以切金断玉般的锐利之感。因其挺拔秀丽、飘逸犀利、形如仙鹤,也被誉为"鹤书"。

大观通宝是宋徽宗赵佶于大观元年(1107年)开始铸造的钱币,钱文"大观通宝"采用徽宗瘦金体御书,主要铸币材质是青铜。该钱币呈现为圆形方孔,以其精湛的工艺和独特的书法艺术价值闻名。

大观通宝

年代：北宋（公元960—1127年）
馆藏：中国国家博物馆

海月清辉琴仲尼式

年代：南宋（公元 1127—1279 年）
馆藏：故宫博物院

古琴是世界古老的拨奏弦鸣乐器之一，至今已有3000多年的历史。古琴样式包括仲尼式、伏羲式、连珠式、落霞式、蕉叶式等，琴体的每一个部分都承载着美好的象征意义。古琴的乐声悠扬悦耳，意韵高雅而优美，不仅深受文人雅士的钟爱，成为他们修身养性的乐器，同时也是古代重要的礼乐器，承载了深厚的文化底蕴。

这件古琴采用桐木制作，表面覆盖着鬃栗壳色的漆料，后期修补时使用了朱漆。琴面牛毛冰纹与梅花断相互交织，形成独特的美感。琴池设计为长方形，金徽玉轸，紫檀岳尾，非常考究和精美。琴池的上方刻有隶书"海月清辉"琴名，这一名字源自伯牙在蓬莱仙岛感悟自然、掌握琴艺的典故。其下方刻有朱红色方形印章"乾隆御府珍藏"，并附有数位大臣题写的琴铭，富有诗意和内涵。

114

金翅鸟是源自印度神话的巨鸟，梵语名"迦楼罗"，其性情凶猛，是佛教天龙八部之一，象征着神力与保护。传说金翅鸟身形庞大无比，以龙为食，翅膀展开足有300多万里，能够分开海水。古时大理为"泽国"，毒龙肆虐时常引发水灾，人们请来金翅鸟降伏毒龙，并将其视为大理洱海的"镇水之神"。

银鎏金镶珠金翅鸟出土于云南省大理崇圣寺三塔主塔——千寻塔，由纯银精心打造，表面鎏金，镶嵌有珍珠和宝石。金翅鸟的头部佩戴着精美的如意形宝冠，双脚稳立于莲花座上，其尾羽向上伸展，宛如一圈跃动的火焰，上面镶嵌着五颗晶莹剔透的水晶珠。整器精美华贵，光彩夺目，展现了极高的工艺水平和卓越的美学价值。

银鎏金镶珠金翅鸟

年代：宋（公元960—1279年）
馆藏：云南省博物馆

定窑白釉孩儿枕

年代：北宋（公元 960—1127 年）
馆藏：故宫博物院

115

瓷枕最早出现于隋代，设计独特，前低后高，无论是仰卧还是侧躺，都能为头部和颈椎提供有效的支撑。其温润清凉的瓷器质地，不仅具有散热的效果，还因其独特的触感让古人称赞"清凉沁肤，爽身安神"，相信它能明目安神。

这款娃娃造型的瓷枕名为"孩儿枕"，施白釉，釉色白中泛黄，造型独特。一个胖乎乎的小男孩悠然地趴在椭圆形的床榻之上，小手交叉环抱，一手还紧握着绣球，脑袋枕在手臂上，双脚微微上翘，背部自然弯曲，形成一个巧妙的枕面。孩儿枕是北宋定窑传世名器，目前已知共有三件，一件收藏于北京故宫博物院，另外两件在台北"故宫博物院"。

116

宋代窑场林立，分官窑和民窑两大类别。吉州窑是宋代南方著名的民间瓷窑，其窑址位于今江西省吉安县的永和镇。吉州窑的代表瓷器是彩绘瓷，样式多种多样，纹饰丰富多彩，其中跃鹿纹是宋代吉州窑最有特色的纹样，具有极高的辨识度，这种纹饰图案在当时其他窑口中并未发现。

彩绘开光跃鹿卷草纹瓶源自南宋吉州窑，其造型优雅，颈部修长，饰有一圈回纹。瓶身腹部两侧绘制着相同的图案，四周环绕着精致的卷草纹，中间部分设计有四连弧开光，内部描绘了一只双角小鹿高高跃起，四肢纤细而灵活有力，十分生动。

彩绘开光跃鹿卷草纹瓶

年代：南宋（公元 1127—1279 年）
馆藏：江西省博物馆

南宋李嵩货郎图卷〔局部〕

年代：南宋（公元 1127—1279 年）
馆藏：故宫博物院

117

宋朝商品经济繁荣，货郎是市井生活中一道亮丽的风景线，他们在城乡间穿梭，零售各类日用货品，挑着担子沿街叫卖，货架上陈列着琳琅满目的小商品。宋代有大量画作，有多幅货郎图。北宋画家苏汉臣、南宋画家李嵩的《货郎图》即是此类题材的经典之作，展现了货郎走街串巷的生动场景。

雕砖，是在青砖上雕刻人物、山水、花卉、动物图案的艺术形式，主要用于古建筑的装饰。

宋朝经济繁荣，商业发达，歌舞娱乐从贵族家庭走向寻常百姓，市井娱乐日益丰富多彩。宋朝百姓在市井街巷能够观赏到各种有趣的表演，其中杂剧尤其受到人们的喜爱，这是一种融合了滑稽表演、歌舞和杂戏等多种艺术形式的表演，其源头可追溯到唐代的参军戏。杂剧表演在北宋的开封、洛阳等地极为流行。

宋杂剧的角色通常由末泥、引戏、副净、副末、装孤组成。演员们通过幽默诙谐的歌舞表演，运用插科打诨的方式讽刺时弊，表演生动有趣，令人捧腹大笑。这块杂剧人物雕砖作为一组雕砖中的一部分，生动地反映了当时杂剧表演的角色。

杂剧人物雕砖

年代：宋（公元 960—1279 年）
馆藏：河南博物院

青白釉菊瓣碟

年代：南宋（公元 1127—1279 年）
馆藏：广东海上丝绸之路博物馆

119

南海Ⅰ号沉船是一艘南宋商船,沉没于海上丝绸之路的南海航线上,于1987年被发现。这艘船是迄今为止海上丝绸之路航线上发现文物最多、保存较完整的古代沉船。船体保存状态良好,出水文物精美,类别丰富,为人们深入了解宋代的海上丝绸之路、商业发展、造船工艺,以及航海技术提供了宝贵的实物资料。船被打捞出水后,收藏于广东海上丝绸之路博物馆。

这件瓷碟出水于南海Ⅰ号沉船,其胎质白皙细腻,胎体轻薄,釉色淡青莹润,口沿周边为菊瓣状纹,清新淡雅,温润如玉,为景德镇窑青白瓷的典型作品。

120

《清明上河图》是北宋画家张择端的代表作,以卓越的界画技艺和丰富的画卷内容著称。该画采用全景式构图和严谨精细的笔法,生动地展现了北宋都城汴京(今河南开封)及其周边的自然风光、民俗风情与繁荣景象,不仅在艺术上具有极高的价值,更是研究宋代社会经济、城市生活和风俗的重要历史资料。

《清明上河图》卷（局部）

年代：北宋（公元 960—1127 年）
馆藏：故宫博物院

在超过 5 米的画卷上，张择端精心绘制了众多形象各异的人物，其中包括官员、商人、小贩、学徒、说书艺人、妇人、儿童和乞丐等；几十种动物，如马、驴、牛、骆驼等；诸多形状各异、风格独特的建筑，以及不同数量的船只、车辆和轿子等交通工具，再加上山林、城门、河道、市街等丰富的景观元素，共同构成了生动的宋代京城生活场景，堪称一部图画式"百科全书"。

黄釉鱼龙变化龙形纹陶权

年代：宋（公元 960—1279 年）
馆藏：北京民俗博物馆

121

权是古代用于衡量重量的衡器，陶权即用陶土制成的权。这件陶权在顶部中间开设了一个孔，方便在称量时悬挂使用。整个器具设计巧妙，生动活泼，是一件精美的民间器具。

黄釉鱼龙变化龙形纹陶权的造型独具匠心，龙头上顶着元宝，寓意着招财纳福、旺运吉祥。龙首鱼身灵感源自"鱼化龙"的传说，相传黄河之上有一座龙门，鲤鱼历经千辛万苦跃过龙门，天火烧掉它的尾巴后蜕变为龙。鲤鱼跃龙门象征着经过艰难磨砺和不断努力后的华丽转变。

122

这件宋代的白玉鸳鸯柄圆盒,玉质纯净而细腻,盒面上雕有一对鸳鸯,它们的嘴巴与胸部紧密相连,冠、眼和羽毛的雕刻都极为精细。盒子设计为子母口,巧妙独特,只需轻轻一推便能打开。这件玉器工艺堪称精湛,历经千年仍光亮如新,为宋代玉器中的精品。

白玉鸳鸯柄圆盒

年代：宋（公元 960—1279 年）
馆藏：首都博物馆

黑釉剔刻牡丹纹六系罐

年代：西夏（公元 1038—1227 年）
馆藏：甘肃省博物馆

123

西夏是党项族建立的政权，其疆域涵盖今宁夏、甘肃大部分，以及陕西、内蒙古、青海的部分地区。西夏瓷器主产于宁夏灵武窑等地，深受中原磁州窑系的影响，融合党项民族特色，造型饱满沉稳，风格粗犷质朴。

剔刻是一种陶瓷装饰工艺技法，主要通过刀具在瓷器表面进行雕刻，进而形成图案或文字，此技法盛行于五代宋金时期。西夏的剔刻花瓷以黑瓷为主，剔刻牡丹纹是其典型纹样。这件西夏黑釉剔刻牡丹纹六系罐很可能出自灵武窑，其通体施黑釉，表面剔刻折枝牡丹纹，刻划牡丹叶和水波纹等图案，手法简练精致，线条明快流畅，充满了浓郁的党项民族特色，是西夏瓷器的代表。

124

透雕双鱼纹金指剔由黄金模铸而成。中间为双鱼，两鳍紧密相连，张口托着荷花，头尾部分则装饰着仰荷和仰莲，点缀连珠纹。柄部顶部为镂空的三瓣花形，套有圆环，下部为双面斜刃。

这件金器造型复杂、工艺精湛，奢华而小巧，可能是党项贵族用来修整指甲的生活用品。双鱼与莲荷谐音"连年有余"。金器虽小，却巧妙地融合了西夏文化与中原文化的特点，散发出独特的艺术魅力。

透雕双鱼纹金指剔

年代：西夏（公元 1038—1227 年）
馆藏：内蒙古博物院

三彩陶卧猫

年代：辽（公元 907—1125 年）
馆藏：辽宁省博物馆

125

辽三彩是继承了洛阳地区唐三彩传统技法的低温多彩釉陶器，这种陶器需经历素烧与低温釉烧两次烧造过程，釉色以黄、绿、白三色为主。它又融合了契丹族的审美风格，色彩明艳绚丽，充满了浓郁的草原生活气息。

这件猫形器背部和口部设计有圆孔，颈部饰以飘带，形象惟妙惟肖，生动有趣，是辽三彩的艺术精品。

126

鸡冠壶是模仿契丹人的皮囊容器烧制而成的陶瓷壶,因上部穿系形如鸡冠而得名,可分为穿孔式和提梁式两大类,也称"皮囊壶""马镫壶"。这是辽代特有的陶瓷器型。

这件绿釉贴塑鸡冠壶身姿挺拔,腹部扁圆,壶顶为鸡冠状环梁设计,器身饰以皮纹和串珠纹,釉色淡绿,如同翡翠般晶莹剔透,散发着玻璃般的质感。圈足部分留白无釉,形成了一种素雅与华丽并存的和谐美感。

绿釉贴塑鸡冠壶

年代：辽（公元 907—1125 年）
馆藏：北京考古遗址博物馆

灰陶契丹人俑

年代：辽（公元 907—1125 年）
馆藏：首都博物馆

127

公元 916 年，契丹族领袖耶律阿保机建立辽国，初称"契丹"，后更名为"辽"，与北宋、西夏政权并存。契丹人不论男女都有髡发的习俗，这是一种独特的发式，有的人会剃除头顶部分的头发，将其余头发披散或结辫；而有的人则会保留两侧的头发使其自然垂下。

这对灰陶俑呈现了契丹人的形态样貌，非常珍贵。男俑和女俑皆髡发，男俑身着左衽圆领长袍，脚穿尖头靴；女俑盘着灵蛇发髻，身着圆领衫搭配褶裙，脚穿圆头鞋。

铁犁通常由犁床、犁壁和犁铧三部分组成,其中犁壁和犁铧为铁制,犁床则为木质。铁犁镜位于犁壁上,用于耕地时翻土,因酷似古代铜镜而得名。

这件铁犁镜出土于契丹祖源地平泉,这里还出土了铁镰、铁锄等多种农具。这些农具形状和中原地区农具如出一辙,功能也无差异,反映了当时契丹游牧文化与中原农耕文化之间的交流与融合。

铁犁镜

年代：辽（公元 907—1125 年）
馆藏：平泉市博物馆

金面具

年代：辽（公元 907—1125 年）
馆藏：中国国家博物馆

129

金面具在古代文明，尤其古埃及、中东、古希腊和中亚等地有着源远流长的历史。在契丹文化中，贵族去世后存在戴面具的殡葬习俗。契丹人往往会在死者的面部覆盖上金属面具，以保持其生前的形象。有人认为这或许是早期亚欧大陆文化传统的延续。

这件金面具于1986年在内蒙古通辽市奈曼旗陈国公主与驸马合葬墓出土，其面部特征写实，五官通过锤击的方式刻画，展现出生动传神的效果。此面具与同一墓葬中陈国公主所戴的面具类似，推测其主人可能也是一位女性。

130

骨朵原指古代的一种长棍形打击类兵器,通常由铁或硬木制成,其顶端多呈蒜形或藜形。唐代这种兵器被用作刑杖,宋代后也用为仪仗,俗称"金瓜"。

辽代骨朵的顶端造型多样,包括椭圆形、圆球形、蒜头形、瓜棱形、蒺藜形等。这件玉质辽代骨朵,形状独特,整体呈瓜棱形,可能是契丹贵族在游猎或出行时所使用的仪仗用具。

玛瑙骨朵

年代：辽（公元 907—1125 年）
馆藏：内蒙古自治区文物考古研究院

铜坐龙

年代：金（公元 1115—1234 年）
馆藏：北京市考古研究院

131

坐龙出现在宋金时期，后逐渐演变为"蹲龙"。目前发现的坐龙均来自金代遗址，制作材质多样，包括石质、铜质等，可能是皇室御用的器物，可以做车辇、帐顶装饰物以及建筑构件等。坐龙的形象融合了龙、麒麟、狮子、狗等多种动物的影子，蕴含着女真游牧民族的审美和文化元素，是中华龙文化传承、丰富和发展的体现。

这件铜坐龙龙首微昂，卷鬣飞扬，前腿略向前方直立。龙身为无鳞蛇身，弓身踞坐，爪部紧抓地面，龙尾上翘并与卷鬣相连。整器浑然一体，制作工艺精湛，展现出生动的神态和十足的气势。

132

金代龙形象独具特色，其爪部设计多为三爪。这块龙纹雕砖于 1964 年采集于金上京皇城第二殿址，可能是铺设在金上京宫殿甬道两侧的装饰砖。

雕砖呈青灰色，略有残损，主体纹样为一条腾云驾雾的三爪行龙。龙体强健有力，蜿蜒曲折，周边环绕着卷云纹。整块雕砖制作精良，形象生动，展现了金代龙纹的鲜明个性和独特魅力。

龙纹雕砖

年代：金（公元 1115—1234 年）
馆藏：哈尔滨市阿城区金上京历史博物馆

妇人启门石雕

年代：金（公元 1115—1234 年）
馆藏：北京石刻艺术博物馆

133

这块石雕原为墓葬内玄宫后壁石雕,后被用作明城墙的填充物,其主体为一门楼,瓦垄精美细致,正脊两侧为吻兽,檐下有三朵斗拱。下方正中为庄重的大门,窗户采用菱花式设计,下方的柱为鼓墩式,气韵古朴而庄重。

门中间采用剔地起突的手法描绘了一个场景:中间门扉半掩,一位身材娇小玲珑的女子高挽着秀发,似乎在眺望或等待着什么,神情中带着落寞。她的身姿、秀发和眼神等细节被刻画得生动入微,人物画面跃然欲出。

134

泰和重宝是金代钱币中的一种重要货币,于金章宗完颜璟泰和年间(公元1201—1208年)铸造发行。"泰和"寓意着安泰和顺,象征国泰民安。"泰和重宝"四字由文学家、书法家党怀英书写,书体为玉筋篆,字体精纯典雅、圆润飘逸、流畅匀称,代表了金代钱币书法的最高水平。

泰和重宝

年代：金（公元 1115—1234 年）
馆藏：北京考古遗址博物馆

金丝冠

年代：金（公元 1115—1234 年）
馆藏：首都博物馆

135

这件金丝冠出土于房山金陵遗址，它是皇后"花株冠"的骨架部分，主要功能为支撑和定型，亦称帽盛子。此金冠由纯正金丝编织而成，形状呈半球形，从上至下分层编织成圆环，以及连接的水滴形八瓣花和如意花瓣，一直延伸至口沿处固定。

与金丝冠在同一地点出土的两件凤鸟纹玉饰，可能是冠后佩饰中的"纳言"，象征着贵族的身份。

这块银牌是成吉思汗时期的圣旨牌，极为珍贵。银牌呈长条形，四角均为圆角，上方錾刻着精致的虎头纹饰。银牌一面雕刻着"天赐成吉思皇帝圣旨疾"十个汉字，另一面则刻有相同内容的蒙文。

成吉思汗圣旨银牌

年代：元（公元 1206—1368 年）
馆藏：中国国家博物馆

杂宝团龙纹织金锦罟罟冠罩

年代：元（公元 1206—1368 年）
馆藏：北京服装学院民族服饰博物馆

137

罟罟冠，又称姑姑冠、顾姑冠，是元代蒙古族女性贵族所佩戴的冠饰，通常用桦树皮等材质缝制成长筒形，高度大约一尺，顶部呈四边形，上面缀满珠宝和羽毛，两侧垂挂着冠带和珍珠等制成的华丽耳饰。

这件杂宝团龙纹织金锦罟罟冠罩保存完好，采用金线织造，主要纹样为龙纹，其间穿插杂宝纹。这种织物可能为元代流行的"纳石失"（波斯或阿拉伯语音译），是一种极其华美的织金锦，表面闪闪发光，最初由阿拉伯商人从中亚带到中国，后来在中国织造流通。它备受元代贵族的喜爱，通常用来装饰帝后或贵族的衣领、袖缘等部位。

138

青花瓷起源于唐代,元代的制作技术已成熟并实现了大规模生产。它的釉色为白地蓝花,制作时需在毛坯上使用来自西亚的含氧化钴的钴土矿为颜料绘制纹饰图案,再覆盖一层无色透明釉,经过高温烧制而成。青花瓷是元代瓷器中的精品和代表。

景德镇窑青花凤首扁壶出土于北京旧鼓楼大街的元代院落遗址,壶身呈扁圆形,以凤首为流,凤尾为柄,壶身上精心绘制着展翅飞翔的凤鸟,下方点缀着牡丹纹,整壶设计构思巧妙,浑然天成,堪称首都博物馆的镇馆之宝。

景德镇窑青花凤首扁壶

年代:元(公元1206—1368年)
馆藏:首都博物馆

"杨茂造"款剔红梅花纹盘

年代：元（公元 1206—1368 年）
馆藏：北京艺术博物馆

139

剔红是一种结合髹漆、绘画和雕刻的传统漆艺技法,通常先在铜胎或木胎上涂抹多层精心调配的朱漆,然后在漆未干透时进行雕刻,再经烘干、磨光等工序,制成精美的成品。

这件剔红梅花纹盘出自元代著名工艺家杨茂之手,漆盘以坚实的木材为胎,盘内底开光为优雅的六瓣形,里面精心雕刻了两枝梅枝,上面共有九朵盛开的梅花,尽显傲骨铮铮之姿。周围雕刻山茶花、栀子花、菊花、牡丹、桃花等精美花卉图案,春意盎然,生机勃勃。口沿雕锦纹,外壁雕卷云纹,盘底有针刻的"杨茂造"字样。整盘雕刻精细,既显古朴之风,又不失典雅之韵。

140

元世祖忽必烈曾封藏传佛教萨迦派的首领八思巴为国师、帝师，以及大宝法王，八思巴字意为"圣者"，亦被称为"萨迦法王"。他不仅担任元朝的高官，负责掌管西藏地区的政教事务及全国的佛教事务，还受命创造了蒙古新字"八思巴字"。

这是元世祖忽必烈赐予八思巴的一套盔甲，由头盔和身甲两部分构成。头盔由钢材打造，顶部立有缨管，下方则配有盔搭、颈甲和织锦护耳。身甲用皮条编连铁甲片制成，为元代柳叶甲样式，下饰织锦，绣有牡丹、菊花、云纹，以及宝相花等精美纹样，极为罕见。

缀织锦缎铁盔甲

年代：元（公元 1206—1368 年）
馆藏：民族文化宫

磁州窑白釉褐彩唐僧取经图枕

年代：元（公元 1206—1368 年）
馆藏：广东省博物馆

141

《西游记》是中国家喻户晓的神魔故事，讲述了唐僧师徒前往西天取经的冒险历程。这件瓷枕是元代磁州窑代表作，其上绘有折枝菊花、风雨竹，以及其他花卉和老虎等动植物纹样。枕面下方描绘了《西游记》的经典故事画面：唐僧骑于马上，沙僧高举罗伞，猪八戒肩扛钉耙，孙悟空则身着虎皮裙，人物形象生动活泼，是唐僧取经题材的早期图像，为《西游记》的成书研究提供了宝贵的实物证据。

142

琉璃是用黏土、长石、石青等烧成的一种半透明材料,用于配制日常用品和艺术品。元代琉璃制作发达,被广泛应用于宫殿和寺庙建筑构件,以及日常用品和艺术品。

这件熏炉仿照汉代博山炉的造型,色彩斑斓,可能是皇家陈设之物。炉盖运用镂雕技法,描绘一条黄龙蜿蜒穿行于蓝色的山峦之间;炉身则主要采用浮雕技法,刻画了一对龙凤在牡丹花丛中相逐嬉戏。整器工艺精美绝伦,色彩华丽绚烂,纹饰丰富多样。

琉璃三彩龙凤纹熏炉

年代：元（公元 1206—1368 年）
馆藏：北京大运河博物馆

宋代五大名窑

宋代是中国陶瓷史上的黄金时期,窑场遍布全国,瓷器制作繁荣,技艺竞相绽放,呈现出百花齐放的盛世景象。在这些窑场中有五家以烧造皇家瓷器闻名,被后人称为宋代"五大名窑",分别是汝窑、官窑、哥窑、钧窑、定窑。

汝窑

汝窑淡天青釉弦纹三足樽式炉

汝窑瓷器造型优雅,釉色均匀干净、清淡素雅,以天青色为主,被誉为"宋代瓷器艺术之冠",体现了宋代简约含蓄的审美追求。

年代:北宋(公元960—1127年)
馆藏:故宫博物院

官窑

官窑粉青釉弦纹盘口穿带瓶

官窑瓷器追求像玉石一样的质感,工匠们会多次施釉,以达到晶莹如玉的效果。

年代:南宋(公元1127—1279年)
馆藏:故宫博物院

哥窑

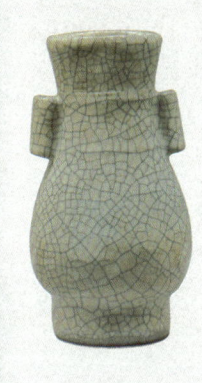

哥窑灰青釉贯耳瓶

哥窑瓷器的开片风格鲜明,通常为大小两种片纹。大片纹呈现为灰黑色,而小片纹则呈现出黄褐色,俗称为"金丝铁线"。

年代:南宋(公元1127—1279年)
馆藏:故宫博物院

钧窑

钧窑天蓝釉紫红斑折沿盘

钧窑瓷器釉色丰富,色彩绚烂,既有简约的月白、天蓝,也有艳丽的玫瑰紫和海棠红等。钧窑釉是一种独特的"窑变釉",以色彩多变而著称,号称"入窑一色,出窑万彩",散发着独特魅力。

年代:北宋至金(公元960—1234年)
馆藏:故宫博物院

定窑

定窑白釉碗

定窑主要以生产白瓷著称,其白瓷釉色洁白如象牙,被誉为"定窑颜色天下白"。定窑瓷器多运用印花、刻花等工艺,瓷器上常见美丽的图案,花纹富有特色。

年代:北宋(公元960—1127年)
馆藏:故宫博物院

奉天诰命盒

年代：清（公元 1644—1911 年）
馆藏：孔子博物馆

捌

承古萌新 明清时期

明清时期,中国封建社会逐渐由盛转衰,君主专制进一步强化,社会悄然转型,陶瓷、织锦等行业蓬勃发展,文学、绘画、艺术和科技等领域取得了非凡成就,农业和手工业长足进步,资本主义的萌芽开始缓慢出现,为后来的资产阶级革命和现代化进程奠定了坚实的基础。

釉里褐花卉纹宝座

年代：明洪武年间（公元 1368—1398 年）
馆藏：故宫博物院

143

明洪武二年（1369年），朝廷在景德镇设立了御器厂，专门为皇室烧造瓷器。在此后的四五百年间，这里被称为"御窑"或"官厂"，为明清宫廷生产了大量精美瓷器，用于宫廷陈设、祭祀、赏赐、日用品等。景德镇也逐渐成为全国制瓷业的中心。

洪武时期的瓷器沿袭元朝风格，敦厚大方，画风古朴典雅。这件瓷器仿照皇帝御用木质宝座设计，釉色呈现铁褐色，通过浮雕手法巧妙地展现了木制结构的特点，围挡里外绘有精美的折枝花纹，座面为菱形锦纹，整体造型优美，风格古朴，为人们提供了了解当时宝座形制的宝贵实物资料。

144

青花瓷器以氧化钴为主要着色剂，钴料中铁和锰元素的含量对瓷器色泽影响显著。从元代到明代天顺时期，青花瓷器的钴土矿青料主要来自西亚进口的"苏麻离青"。这些瓷器釉色青翠沉着，花纹呈现出独特的晕染效果，且常见"铁锈斑"。明代永乐和宣德两朝所烧造的青花瓷，色彩明艳，纹饰丰富，代表了青花瓷制作的巅峰水平，因其独特的艺术风格和精湛的工艺技艺备受后世赞誉。

这件青花海水白龙纹扁瓶颈部饰有精美的缠枝花卉纹，腹部则以波涛汹涌的青花海水为地，两面各自留白并刻画出矫健威猛的白龙，胎釉细腻，色泽明亮，气势磅礴，动感十足，是明代永乐官窑瓷器中的精品之作。

青花海水白龙纹扁瓶

年代：明永乐年间（公元 1403—1424 年）
馆藏：故宫博物院

随驾银作局金锭

年代：明永乐十四年（公元 1416 年）
馆藏：湖北省博物馆

145

银作局是明朝宫廷专门设立的金银器物制作机构,负责制作内府所需的金银器物,包括金银锭、金银钱、金银豆叶等,这些金银器主要用于赏赐。同时,银作局还承担着铸造亲王印符、金牌镀金等任务。

带有"随驾"字样的金银器多为永乐至宣德时期制作,出自随驾银作局,这一时期正处于明朝将都城从南京迁往北京前后。这块金锭表面铸有铭文:"随驾银作局销镕,捌成色金伍拾两重,作头季鼎等,匠人黄关弟,永乐拾肆年捌月日",表明该金锭是永乐皇帝命令银作局铸造的赏赐金锭,其工艺和黄金质量均展现了明代金银器制作的超高水平。

缂丝，又称"刻丝"，是中国传统丝织品，采用细蚕丝为经线，色彩丰富的蚕丝为纬线，运用"通经断纬"的织法精心制作，工艺繁复至极。缂丝题材包括山水、花鸟、人物、书法等，成品不仅色彩丰富，如织锦般绚烂，更细腻逼真；如刺绣般精致，独具雕琢缕刻的立体感，观赏性和艺术价值极高，被誉为"东方艺术珍宝"。

此幅缂丝作品可能是明代服饰中的圆形补子，图案中一对凤凰在牡丹花与桃花丛中翩翩起舞、相对和鸣。画面上方飘着祥云，下方连接着福海。凤凰织造精细，花卉色彩绚烂，整体涵盖了淡蓝、月白、粉红等共计 18 种颜色，正反两面图案效果一致，富贵与喜庆的氛围跃然眼前，堪称缂丝艺术中的经典之作。

缂丝凤穿牡丹

年代：明（公元 1368—1644 年）
馆藏：清华大学艺术博物馆

汀洲鹭纹蟋蟀罐

年代：明宣德年间（公元 1426—1435 年）
馆藏：景德镇御窑博物院

147

明宣宗朱瞻基是明朝的第五位皇帝，他在位期间实行了一系列改革政策，精简冗官，推行休养生息政策，重用有能力的官员，国家繁荣安定。此外，他还是一位造诣颇深的书画家，喜欢斗蟋蟀，还被戏称为"蟋蟀皇帝"。为了满足宫廷中斗养蟋蟀的需求，当时的御窑厂烧造了不少蟋蟀罐。

这件蟋蟀罐的器身以青花绘制了五只形态各异的鹭鸶，它们在芦苇、枝蔓和花草之间自由活动，有的低头觅食，有的昂首向天，有的大步前行，有的凝眸远望。蟋蟀罐的盖上也有两只白鹭的图案，一只在花草丛中静静站立，另一只则欲展翅高飞。整个画面布局疏密有致，生机勃勃，凸显了文人雅致情趣。

148

高足碗也被称为"靶碗",常常作为祭祀或供奉的器物,最早出自元代,明永乐、宣德时期也大量烧造。

这件高足碗是明朝朝廷赏赐的青花瓷器,外壁饰以一周青花藏文吉祥祝词,意为"日安宁,夜安宁,日夜长久安宁,愿三宝保佑安宁",碗身另绘有如意纹、莲瓣纹等精美纹饰,碗内底部刻有"宣德年制"篆书款识。这件高足碗不仅是永宣青花瓷器的精品,也是西藏和内地文化交流的重要见证。

银錾花座青花藏文祝词高足碗

年代：明（公元 1368—1644 年）
馆藏：西藏自治区布达拉宫管理处

衍圣公牙牌

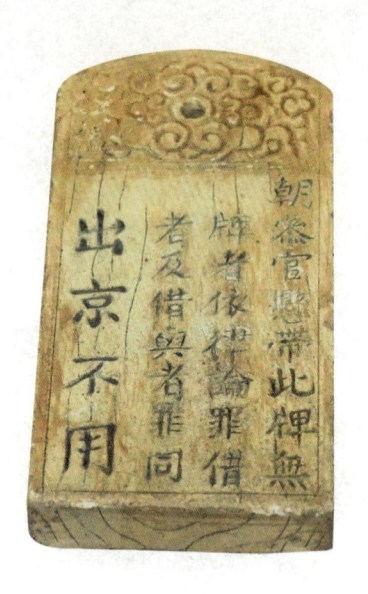

朝参官悬带此牌无牌者依律论罪借者及借与者罪同

出京不用

年代：明（公元 1368—1644 年）
馆藏：孔子博物馆

149

牙牌，又称朝参牌，是明代为保障皇宫安全而设立的一种腰牌，作为身份凭证和通行证件使用。这些牙牌通常由象牙或兽角制成，分为"勋""亲""文""武""乐"五种，对应不同官员等级。在京城的官员均须佩戴牙牌参加朝会和出入宫禁。

这块牙牌为孔子后代衍圣公在京城驻留期间的凭证，正面刻着"衍圣公"三字，背面刻着"朝参官悬带此牌，无牌者依律论罪，借者及借与者罪同。出京不用"，侧面刻着"文字柒百柒拾叁号"，这是文官"文"字序列号。

150

斗彩亦称"逗彩",是一种融合釉下青花与釉上彩绘的彩瓷工艺,一般以青花勾勒轮廓,在烧成后的瓷器上进行彩绘,并再次烧制。这种工艺最早出现在明宣德年间,至成化年间技术成熟。成化斗彩瓷与宣德青花瓷都是明代瓷器的瑰宝,以酒杯、高足杯等斗彩小器著称,造型玲珑可爱,色彩鲜明清新。明代后期,斗彩瓷器已极为珍贵,号称"成杯一双,值钱十万"。

这件斗彩婴戏杯上,五名孩童正在玩耍嬉戏,其中一名双手持线放风筝,另外一名手舞足蹈欣赏,其余三名孩童持花嬉戏。上方天空中彩云纷飞,四周描绘着棕榈、芭蕉、柱石、花草等精美纹饰。这款杯子造型秀美,胎体细腻,色彩鲜亮,画风优雅,是成化斗彩瓷的代表作品之一。

斗彩婴戏纹杯

年代：明成化年间（公元 1465—1487 年）
馆藏：中国国家博物馆

金帔坠

年代：明嘉靖二十六年（公元 1547 年）
馆藏：中国国家博物馆

151

霞帔是一种古代女性披肩服饰，底部配坠，用以保持霞帔平整。宋以后被列入礼服。明代皇后常服，以及妃嫔、公主、命妇的礼服中，霞帔也是不可或缺的组成部分，象征着身份等级。霞帔的织纹和坠子的材质，依其穿戴者的等级差异而有所不同。

这件霞帔坠为金质，形状呈扁桃形，采用镂空透雕设计，两面均雕刻有精美的凤纹，四周环绕着祥云和三角海水纹等元素，上方设有孔洞，可以穿挂吊钩。整体设计精致，寓意吉祥如意，奢华无比，充分彰显了主人尊贵的身份地位。

152

金翼善冠是明神宗万历皇帝所佩戴的金冠，出土于定陵地下宫殿，这种冠因其折角形似汉字"善"字而得名。它不仅是万历皇帝的御用之物，也是目前考古发现的唯一的皇帝佩戴的金冠，具有极高的历史和文化价值。

金冠由前屋、后山、折角三部分组成，每部分均用 0.2 毫米金丝单独编织而成，再以粗金丝巧妙地连接在一起。其结构复杂且制作精细，仅镂空的龙鳞就耗费了 8400 片金丝。后山正前方镶嵌着两条左右对称的盘龙，中间则是一枚璀璨的火珠，构成了一幅生动的二龙戏珠图案。整个金冠造型生动，威严华贵，堪称稀世珍宝。

金翼善冠

年代：明万历年间（公元 1573—1620 年）
馆藏：明十三陵博物馆

孝端皇后九龙九凤冠

年代：明万历年间（公元 1573—1620 年）
馆藏：中国国家博物馆

153

凤冠是明代皇后最高级别的礼服帽,皇后接受册命、拜谒宗庙、祭祀祖先、参加朝会都会佩戴凤冠。定陵共出土四顶皇后龙凤冠,分别为孝端皇后的九龙九凤冠、六龙三凤冠和孝靖皇后的十二龙九凤冠、三龙二凤冠。

这顶九龙九凤冠的帽胎由漆竹扎制,外层覆盖高级丝帛。冠前有九条口衔珠滴的金龙,下有八只展翅飞翔、点翠衔珠的金凤,冠后也有一只金凤。凤冠下部有三排环绕珍珠的红蓝宝石,其间点缀着翠兰花叶。龙凤姿态生动,珠宝金翠、色泽艳丽。檐底部为翠口圈,镶嵌宝石珠花。冠后侧下部各有三扇珍珠、宝石制成的"博鬓",上面镶嵌着镂空金龙、珠花璎珞。整个凤冠镶嵌有超过 100 颗的天然宝石和 5000 多颗珍珠,仿佛一座流动的小型珠宝库,美轮美奂,熠熠生辉。

154

　　这是一件用来架设铜镜的器物，主要功能在于方便地以铜镜映照面容。其造型是一只回首侧卧的兔子，双耳高竖，四足弯曲向前，口中含着一枝灵芝，灵芝的柄部与兔子的后背相连，形成了放置铜镜的稳固支架。在古代，兔子和灵芝都寓意着长寿，因此常常一起使用。此镜架不仅实用美观，还蕴含着美好的寓意，是一件制作精湛的艺术品。

铜鎏金卧兔衔花镜架

年代：明（公元 1368—1644 年）
馆藏：首都博物馆

《摄政王多尔衮谕诸王及大臣令旨》雕版

年代：清顺治元年（公元 1644 年）
馆藏：故宫博物院

155

清军入关之后,摄政王多尔衮颁发了一份令旨,主要内容为告诫各位王公和大臣,在此进取中原的关键时刻,应各尽其职,不得为一时之利而贪赃枉法,违者必将严惩。

这份雕版是当时颁发令旨的底版,由清内府于顺治元年五月刻制,四周环绕着龙纹边框,显示出极高的规制。这是一件极为罕见的文物,是清政府早期推广政令的重要实物依据。

156

郎窑瓷是清代江西巡抚郎廷极在景德镇督造的瓷器,其烧制时间为清康熙四十四年至五十一年(公元1705—1712年),其中以"郎窑红"驰誉天下。郎窑红釉色鲜艳,犹如初凝牛血,光泽如玻璃,雍容华贵,绚烂夺目。

天球瓶的造型受西亚文化影响极深,中国瓷天球瓶创烧始于明永乐时期,永乐和宣德时期的天球瓶以青花瓷为主,清代天球瓶的釉色丰富多彩。这款郎窑红釉天球瓶造型古朴大方,长颈圆腹,撇口圈足,口沿处露出白胎,釉面光洁透亮,红釉莹澈浅淡,展现出尊贵典雅的气质,具有极高的艺术价值和审美价值。

郎窑红釉天球瓶

年代：清康熙年间（公元 1662—1722 年）
馆藏：故宫博物院

粉彩过枝芙蓉花卉纹盘

年代：清雍正年间（公元 1723—1735 年）
馆藏：保利艺术博物馆

157

　　粉彩瓷器始烧造于康熙晚期，在雍正时期成为彩瓷主要品种。粉彩因采用珐琅料、借鉴西洋技法进行彩绘，而被称为"洋彩"。雍正时期的粉彩瓷器逸丽清新、色彩丰富、生动自然，尤其是花卉、草虫描绘精美绝伦，将文人意趣巧妙地融入瓷器制作之中，广受世人赞誉。

　　过枝是一种彩绘装饰手法，需要在杯、碗等瓷器内外壁进行彩绘，将内外花、果、枝叶等连为一体，对绘画技艺要求极高，视觉效果绝佳。"过墙枝"谐音"长治"，寓意政通人和、长治久安。这件粉彩过枝芙蓉花卉纹盘中，芙蓉盛开，枝蔓由外壁延伸至盘内，摇曳多姿，清新雅致，是粉彩瓷器中的佳品。

158

    这是清朝乾隆皇帝元旦（大年初一）在紫禁城养心殿举办"开笔仪式"时盛放屠苏酒的专用酒杯。杯身一面錾刻着"金瓯永固"，另一面则錾有"乾隆年制"，因此得名"金瓯永固杯"。瓯指古代金制的盆或盂等器具，不仅是酒杯的美称，还象征着国土的完整与巩固。酒杯被命名为"金瓯永固"，寓意江山社稷平安永固。

    "金瓯永固杯"以鼎为形，两侧设计有紧抓杯口的龙形耳饰，龙首之上镶嵌珍珠，杯身外壁錾刻满宝相花，并镶嵌珍珠以及红、蓝宝石。杯的三足为象首样式，取"吉祥"与"吉象"的谐音，象征着天下吉祥太平。整杯制作工艺极其精细复杂，金光璀璨，富丽堂皇，不仅代表了清代皇家工艺的杰出水平，更是中华文化的稀世瑰宝，为清朝时期最具代表性的金器之一。

清乾隆金嵌宝金瓯永固杯

年代：清乾隆年间（公元1736—1795年）
馆藏：故宫博物院

珐琅彩芍药雉鸡图玉壶春瓶

年代：清乾隆年间（公元 1736—1795 年）
馆藏：天津博物馆

159

珐琅彩瓷是将铜胎画珐琅技法成功运用到瓷胎上的彩瓷品种，也称"瓷胎画珐琅"，创始于康熙晚期，盛行雍正、乾隆时期，为宫廷御用瓷器。珐琅彩瓷色彩瑰丽，制作精美，不仅是中国古代彩瓷工艺臻达顶峰的产物，也是享誉世界的瓷器艺术瑰宝。

这件珐琅彩芍药雉鸡图玉壶春瓶是天津博物馆的镇馆之宝，其彩绘图案取自清代著名宫廷画家蒋廷锡的手稿。瓶颈部以蓝料彩绘蕉叶纹，腹部彩绘了两只雌雄雉鸡栖身山石之间，山石周边环绕着盛开的芍药花以及秋季花草。此瓶构图精巧，造型典雅，画工细腻，集诗、书、画、印于一身，堪称绝无仅有的珐琅瓷器国宝级杰作。

160

十二兽首原本是圆明园海晏堂前喷泉的构件,在乾隆年间由宫廷造办处用红铜材料以失蜡法一体铸造成型,代表一天中的二十四小时,按兽首代表的十二个时辰依次喷水报时,设计巧妙,完美融合了中国生肖文化与西方计时艺术。1860年英法联军侵略中国,圆明园惨遭洗劫焚毁,十二兽首被掠夺,自此流落海外。截至目前,包括牛首、虎首、马首在内的八尊兽首陆续回归祖国。

马首铜像于2007年由何鸿燊先生在法国购得,并捐赠给国家,现珍藏于圆明园博物馆。该铜像铸造极为精美,外表呈紫红色,眼神生动传神,鬃毛自然铺叠,毛发丝丝分明,历经百年仍光亮如新。它不仅是一件珍贵的艺术品,更是中国历史磨难的见证者。

马首铜像

年代：清乾隆年间（公元 1736—1795 年）
馆藏：圆明园博物馆

蓝色缂丝金龙纹男夹朝袍

年代：清嘉庆年间（公元 1796—1820 年）
馆藏：故宫博物院

161

朝袍是清代皇帝在诸如登极、大婚、冬至、祭天、祭地等重大典礼和祭祀场合所穿的礼服,由上衣和下裳相连组成。皇帝朝服在颜色、材质等方面有着严格的规定,是皇帝权力威仪的象征,其纹饰通常包括十二章纹、龙纹等吉祥图案。

清朝的祭祀制度分为大祀、中祀和群祀三个等级,其中大祀和中祀为主要祭祀形式。这件朝袍以蓝色缂丝为地,饰以十二章纹及金龙纹、祥云纹、海水江崖纹等精美纹饰,可能是皇帝在举行祈谷、雩祭等大祀场合时所穿。织造精美,技艺精湛,是研究清代服饰文化和缂丝工艺的珍贵文物。

中国必去的 100 个博物馆

📍 北京

1 中国国家博物馆

必看 鹰形陶鼎、玉龙、后母戊鼎、四羊方尊、利簋、九龙九凤冠

地址 北京市东城区东长安街 16 号天安门广场东侧

2 故宫博物院

必看 皇家建筑、《清明上河图》、金瓯永固杯、孩儿枕、各种釉彩大瓶

地址 北京市东城区景山前街 4 号

3 中国考古博物馆

必看 朱书文字陶扁壶、绿松石龙形器、象牙杯、司母辛铜方鼎、铜牺尊

地址 北京市朝阳区国家体育场北路 1 号院 1 号楼

4 首都博物馆

必看 伯矩鬲、班簋、堇鼎、青花凤首扁壶、元青白釉水月观音菩萨像

地址 北京市西城区复兴门外大街 16 号

5 周口店遗址博物馆

必看 古人类化石、石器、用火遗迹

地址 北京市房山区周口店大街 1 号

6 中国农业博物馆

必看 执箕执锸俑、绿釉陶作坊

地址 北京市朝阳区东三环北路 16 号

7 清华大学艺术博物馆

必看 清华简、缂丝凤穿牡丹团花、"无量寿尊佛"缂丝佛像

地址 北京市海淀区清华园 1 号

📍 天津

8 天津博物馆

必看 太保鼎、《雪景寒林图》、清乾隆款珐琅彩芍药雉鸡图玉壶春瓶

地址 天津市河西区平江道 62 号

📍 河北

9 河北博物院

必看 长信宫灯、刘胜金缕玉衣、青花开光镂雕红蓝釉花卉大罐

地址 石家庄市长安区东大街 4 号

10 邯郸博物馆

必看 战国青铜马、金银涂乘舆大爵酒樽

地址 邯郸市人民东路 399 号

山西

11 山西博物院

必看 龙形觥、六璜联珠串佩、晋侯鸟尊、侯马盟书、虞弘墓石椁

地址 太原市滨河西路北段 13 号

12 大同市博物馆

必看 司马金龙墓漆屏风画、陶俑阵、罗地丝绣云鹤纹鬃衣

地址 大同市平城区太和路 506 号

内蒙古

13 内蒙古博物院

必看 鹰形金冠饰、元钧窑"小宋自造"香炉

地址 呼和浩特市新城区新华东街 27 号

辽宁

14 辽宁省博物馆

必看 玉猪龙、鸭形玻璃注、《簪花仕女图》、《瑞鹤图》、九霄环佩琴

地址 沈阳市浑南区智慧三街 157 号

15 沈阳故宫博物院

必看 清皇太极御用鹿角椅及御用腰刀、龙虎宝剑

地址 沈阳市沈河区沈阳路 171 号

吉林

16 吉林省博物院

必看 错金银"丙午神钩"铜带钩、《洞庭春色赋·中山松醪赋》、《百花图》

地址 长春市净月国家高新技术产业开发区永顺路 1666 号

📍 黑龙江

17 黑龙江省博物馆

必看 铜坐龙、《蚕织图》

地址 哈尔滨市南岗区红军街 50 号

📍 上海

18 上海博物馆

必看 大克鼎、商鞅方升、《高逸图卷》、《草书苦笋帖卷》、朱克柔缂丝

地址 上海市黄浦区人民大道 201 号

19 上海市历史博物馆

必看 物华号百子大礼轿、汇丰狮

地址 上海市黄浦区南京西路 325 号

📍 江苏

20 南京博物院

必看 金兽、金蝉玉叶、错银铜牛灯、竹林七贤与荣启期砖画、青瓷神兽尊

地址 南京市玄武区中山东路 321 号

21 南京市博物总馆

必看 元青花萧何月下追韩信图梅瓶、青瓷釉下彩羽人纹盘口壶、

地址 南京市

22 苏州博物馆

必看 真珠舍利宝幢、秘色瓷莲花碗、银杏木彩绘四大天王像内函

地址 苏州市姑苏区东北街 204 号

23 扬州中国大运河博物馆

必看 老汴河剖面、唐代船型古墓、炭化粟米

地址 扬州市广陵区汤汪街道运博路 1 号

24 无锡博物院

必看 吴王僚剑、《苔痕树影图》、《吴王手谕》

地址 无锡市梁溪区钟书路 100 号

25 常州博物馆

必看 朱漆戗金莲瓣式人物花卉纹奁、景德镇窑影青观音像

地址 常州市龙城大道 1288 号

26 徐州博物馆

- **必看** S 型玉龙、金缕、银缕、铜缕玉衣、彩绘陶俑
- **地址** 徐州市云龙区和平路 101 号

📍 浙江

27 浙江省博物馆

- **必看** 双鸟纹象牙碟形器、《富春山居图剩山图》、越王者旨於睗剑
- **地址** 杭州市西湖区孤山路 25 号

28 中国丝绸博物馆

- **必看** 家蚕丝丝线、绞缬绢衣、宝花纹锦、飞鸟纹海青衣
- **地址** 杭州市西湖区玉皇山路 73-1 号

29 杭州博物馆

- **必看** 景德镇窑青花瓷塑海鳌山子笔架、"鲜于枢伯几父"白文铜印
- **地址** 杭州市上城区粮道山 18 号

30 良渚博物院

- **必看** 刻符黑陶罐、玉琮、玉璧、玉钺、龙首纹玉镯、三叉形器
- **地址** 杭州市余杭区美丽洲路 1 号

31 中国茶叶博物馆

- **必看** 越窑青釉横把壶、建窑兔毫纹盏、龙泉窑青釉壶、剔犀漆盏托
- **地址** 双峰馆：杭州市西湖区龙井乡双峰村龙井路 88 号；
  龙井馆：杭州市西湖区西湖街道翁家山 268 号

32 吴越文化博物馆

- **必看** 吴绫越罗、秘色瓷细颈盘口瓶、狮形水晶摆件
- **地址** 浙江省杭州市临安区天目路 800 号

33 宁波博物馆

- **必看** 羽人竞渡纹铜钺、越窑青釉荷叶带托茶盏、万工轿
- **地址** 宁波市鄞州区首南中路 1000 号

📍 安徽

34 安徽博物院

- **必看** 铸客大鼎、吴王光鉴、鄂君启金节、金扣玛瑙碗
- **地址** 老馆：合肥市安庆路 268 号；新馆：合肥市怀宁路 87 号

📍 香港

98　香港历史博物馆

必看　屏山邓族祝寿贺幛

地址　香港九龙尖沙咀漆咸道南 100 号

📍 澳门

99　澳门博物馆

必看　蟠龙纹豆、三彩陶马俑、玉壶春瓶

地址　澳门博物馆前地 112 号

📍 台湾

100　台北"故宫博物院"

必看　毛公鼎、《溪山行旅图》、天青无纹水仙盆、翠玉白菜

地址　台北市士林区至善路二段 221 号

中国必逛博物馆
★ 打卡集合地 ★

📍 甘肃

89 甘肃省博物馆
- **必看** 人头形器口彩陶瓶、铜奔马、驿使图画像砖
- 地址　兰州市七里河区西津西路 3 号

90 敦煌研究院
- **必看** 四臂观音、汉代简牍、北凉石塔、《归义军衙府酒破历》
- 地址　敦煌市莫高窟

91 甘肃简牍博物馆
- **必看** 《四时月令诏条》、居延里程简、悬泉里程简
- 地址　兰州市七里河区银滩南路 12 号

92 天水市博物馆
- **必看** 贴金彩绘围屏石榻
- 地址　天水市秦州区伏羲路 110 号

📍 宁夏

93 宁夏博物馆
- **必看** 胡旋舞石刻墓门、鎏金铜牛、石雕力士志文支座
- 地址　银川市金凤区人民广场东街 6 号

94 西夏博物馆
- **必看** 西夏碑、西夏泥活字版本佛经《维摩诘所说经》
- 地址　银川市贺兰山东麓西夏王陵境

📍 青海

95 青海省博物馆
- **必看** 彩陶靴、舞蹈纹彩陶盆、黄河磬王、黄地联珠团窠对马锦
- 地址　西宁市西关大街 58 号

96 固原博物馆
- **必看** 鎏金银壶、棺侧板漆画和凸钉玻璃碗
- 地址　固原市原州区西城路 133 号

📍 新疆

97 新疆维吾尔自治区博物馆
- **必看** 楼兰美女、虎形金箔饰、"五星出东方利中国"织锦护臂、狮
- 地址　乌鲁木齐市沙依巴克区西北路 581 号

35 安徽中国徽州文化博物馆
必看 文府墨
地址 黄山市屯溪区机场迎宾大道 50 号

36 安徽楚文化博物馆
必看 三足羊首铜尊、楚金币、鎏金银神兽刻纹铜舟、八龙金带扣
地址 淮南市寿县新城区寿春城国家考古遗址

福建

37 福建博物院
必看 云雷纹青铜大镜、铜鎏金王延翰狮子炉、波斯孔雀绿釉陶瓶
地址 福州市鼓楼区湖头街 96 号

38 泉州海外交通史博物馆
必看 泉州湾后渚港宋代海船
地址 泉州市丰泽区开元寺东侧

39 厦门市博物馆
必看 陶枭、德化窑素三彩达摩坐像
地址 厦门市思明区体育路 95 号

江西

40 江西省博物馆
必看 双面神人青铜面具、伏鸟双尾青铜虎、活环屈蹲玉羽人
地址 南昌市赣江北大道 698 号

41 南昌汉代海昏侯国遗址博物馆
必看 孔子徒人图漆衣镜、裹蹄金与麟趾金、透雕龙凤虎纹韘形玉佩
地址 南昌市新建区大塘坪乡关西村

42 景德镇中国瓷器博物馆
必看 元青花牡丹纹梅瓶、影青釉瓜棱盖合、洋红地洋彩万国来朝图瓷尊
地址 景德镇市昌江区紫晶北路 1 号

43 景德镇御窑博物院
必看 里红地白缠枝莲纹大碗、素三彩鸭形香熏、斗彩莲池鸳鸯纹盘
地址 景德镇市中心莲花塘风景区

山东

44 山东博物馆

必看 红陶兽形壶、涡纹彩陶壶、白玉龙形佩饰、蛋壳黑陶杯、亚丑钺

地址 济南市历下区经十路 11899 号

45 济南市博物馆

必看 回旋纹透雕象牙梳、青铜错金目纹戈、彩绘乐舞杂技陶俑、玉勺

地址 济南市历下区经十一路 30 号

46 青岛市博物馆

必看 北魏石佛造像、钧窑鼓式瓷洗、正统版万历刊《道藏》

地址 青岛市崂山区梅岭东路 51 号

47 孔子博物馆

必看 商周十供青铜器、黄玉马

地址 曲阜市孔子大道 100 号

48 青州博物馆

必看 北齐贴金彩绘石雕菩萨立像、北魏晚期贴金彩绘佛立像

地址 潍坊市青州市仰天山路 7688 号

河南

49 河南博物院

必看 贾湖骨笛、妇好鸮尊、云纹铜禁、莲鹤方壶、武则天金简

地址 郑州市金水区农业路 8 号

50 郑州博物馆

必看 九鼎八簋、牛首铜尊、浮雕人物石棺、苏轼书《醉翁亭记》刻石

地址 郑州市中原区文翰街 9 号

51 洛阳博物馆

必看 乳钉纹铜爵、石辟邪、白玉杯、金丝楠木塔、三彩黑釉马

地址 洛阳市洛龙区聂泰路

52 二里头夏都遗址博物馆

必看 镶嵌绿松石兽面纹铜牌饰、乳钉纹青铜爵、龙形牙璋、七孔玉刀

地址 洛阳市偃师区斟鄩大道 1 号

53 殷墟博物馆

必看 亚长牛尊、司母辛鼎

地址 安阳市殷都区纱厂路与纺织路交叉口

陕西

79 陕西历史博物馆

必看 五祀卫鼎、皇后之玺、鎏金银竹节铜熏炉、镶金兽首玛瑙杯

地址 西安市雁塔区小寨东路 91 号

80 秦始皇兵马俑博物馆

必看 兵马俑、铜车马、跪射俑

地址 西安市临潼区秦岭北路与秦俑馆公路交口南侧

81 汉景帝阳陵博物院

必看 塑衣式彩绘拱手跽坐侍女俑、"长宜子孙"规矩纹镜

地址 咸阳市渭城区泾河工业园机场路东段

82 西安碑林博物馆

必看 景云钟、石台孝经、昭陵六骏、颜勤礼碑、熹平石经

地址 西安市碑林区三学街 15 号

83 西安半坡博物馆

必看 人面网纹彩陶盆

地址 西安市灞桥区半坡路 155 号

84 西安博物院

必看 永盂、秦代玉高足杯、隋开皇四年董钦造鎏金弥陀佛像、鎏金走龙

地址 西安市莲湖区小寨东路 91 号

85 宝鸡青铜器博物院

必看 何尊、逨盘、㝬簋、秦公镈

地址 宝鸡市渭滨区滨河大道东段中华石鼓园内

86 乾陵博物馆

必看 鉴若止水铜镜、兽游鱼玉珩、唐三彩镇墓兽

地址 咸阳市乾县城关镇永泰公主墓院内

87 法门寺博物馆

必看 银花双轮十二环锡杖、佛指舍利、秘色瓷

地址 宝鸡市扶风县城北法门寺文化景区

88 咸阳博物院

必看 玉仙人奔马、错金银鼎、彩绘指挥俑、彩绘兵马俑

地址 咸阳市渭城区中山街 53 号

71 成都金沙遗址博物馆

必看 太阳神鸟金器、金冠带、金面具、十节玉琮
地址　青羊区金沙遗址路 2 号

72 成都博物馆

必看 镂空鎏金香囊、石犀、经穴漆人、经穴漆人
地址　成都市青羊区小河街 1 号

73 自贡市盐业历史博物馆

必看 古代钻井制井工具群、盐业契约、岩口簿
地址　自贡市解放路 173 号

📍 贵州

74 贵州省博物馆

必看 铜车马、鹭鸟纹彩色蜡染褶裙、嵌宝石五翟金凤冠
地址　贵阳市观山湖区林城东路 107 号

📍 云南

75 云南省博物馆

必看 牛虎铜案、西汉杀人祭柱场面贮贝器、银鎏金镶珠金翅鸟
地址　昆明市广福路 6393 号

📍 重庆

76 重庆中国三峡博物馆

必看 鸟形尊、虎钮錞于、景云碑
地址　昆明市广福路 6393 号

77 大足石刻博物馆

必看 释迦牟尼佛像、观音像
地址　重庆市大足区龙岗街道北山路 7 号

📍 西藏

78 西藏博物馆

必看 朱墨彩绘双体陶罐、梵文贝叶经《八千颂般若波罗蜜多经》
地址　拉萨市城关区罗布林卡路 19 号

54 中国文字博物馆
必看 贾伯壶、龟腹甲刻符"八"、朱书玉璋、子游碑
地址 安阳市人民大道东段 656 号

55 安阳博物馆
必看 火纹青铜鼎、青铜鸮尊
地址 安阳市文明大道东段 436 号

56 南阳汉画馆
必看 许阿瞿画像石、嫦娥奔月画像石、斗牛斗虎画像石
地址 南阳市卧龙区汉画街 398 号

湖北

57 湖北省博物馆
必看 曾侯乙编钟、越王勾践剑、云梦睡虎地秦简、元青花四爱图梅瓶
地址 武汉市武昌区东湖路 160 号

58 武汉博物馆
必看 凤纹方罍、《江汉揽胜图》
地址 武汉市江汉区青年路 373 号

59 随州市博物馆
必看 神人操蛇兽面纹甬钟、腺君瓯
地址 随州市曾都区南郊办事处擂鼓墩大道 98 号

60 荆州博物馆
必看 越王州勾剑、彩绘漆木虎座凤架鼓、凤鸟花卉纹绣浅黄绢面绵袍
地址 荆州市荆州区荆中路 166 号

湖南

61 湖南博物院
必看 皿方罍、大禾方鼎、素纱单衣、T 形帛画、人物龙凤帛画
地址 长沙市开福区东风路 50 号

62 长沙市博物馆
必看 象纹大铜铙、带鞘铜短剑、透雕龙凤纹玉环
地址 长沙市开福区新河三角洲滨江文化园内

广东

63 广东省博物馆

必看 鎏金腰带、釉下褐彩凤鸟纹荷叶盖罐、德化窑张寿山塑负书罗汉

地址 广州市天河区珠江新城珠江东路 2 号

64 西汉南越王博物馆

必看 "文帝行玺"金印、丝缕玉衣、铜屏风构件

地址 广州市越秀区解放北路 867 号

65 广东海上丝绸之路博物馆

必看 "南海Ⅰ号"宋代古沉船、鎏金银腰链、金虬龙纹环、铜钱

地址 阳江市江城区南海一号大道西

66 深圳博物馆

必看 九九乘法口诀刻文陶砖、海康窑褐彩牡丹纹梅瓶、

地址 深圳市福田区福中路市民中心 A 区

广西

67 广西壮族自治区博物馆

必看 兽面纹提梁铜卣、翔鹭纹铜鼓、羽纹铜凤灯

地址 南宁市青秀区民族大道 34 号

海南

68 海南省博物馆

必看 "越王亓北古"错金铭文青铜复合剑、朱庐执刲银印

地址 海口市琼山区国兴大道 68 号

四川

69 三星堆博物馆

必看 青铜大立人像、青铜神树、戴金面罩青铜人头像、青铜纵目面具

地址 德阳市广汉市西安路 133 号

70 四川博物院

必看 象首耳兽面纹铜罍、水陆攻战纹铜壶、经穴髹漆人像

地址 成都市青羊区浣花南路 251 号